U0947511

明、清、民國時期珍稀老北京話歷史文獻整理與研究

兒女英雄傳評話（初印本）㈢

主　編　周建設

副主編　于潤琦　馮　蒸

首都師範大學出版社
CAPITAL NORMAL UNIVERSITY PRESS

圖書在版編目(CIP)數據

兒女英雄傳評話 : 初印本 : 全6冊 / 周建設主編.
—北京 : 首都師範大學出版社, 2014.8
(明、清、民國時期珍稀老北京話歷史文獻整理與研究)
ISBN 978-7-5656-2032-4

Ⅰ. ①兒… Ⅱ. ①周… Ⅲ. ①北京話-文獻-匯編-中國 Ⅳ. ①H172.1

中國版本圖書館CIP數據核字(2014)第181467號

兒女英雄傳評話(初印本)㊂
周建設◎主編
責任編輯:趙自然 封面設計:劉銀霜
首都師範大學出版社出版
(北京西三環北路105號 郵政編碼100048)
(1)68418523(總編室)68982468(發行部)
(2)www.cnupn.com.cn
全國新華書店發行
湘潭市風帆印務有限公司印刷
710mm×1000mm 1/16 印張:20.5
2014年8月第1版
2014年8月第1次印刷
印數1-3000
ISBN 978-7-5656-2032-4
定價:516.00元

版權所有 違者必究
如有質量問題 請與出版社聯繫退換

出版説明

北京是千年古都，在其歷史發展過程中，融合了多民族的文化習俗，尤其在語言方面，形成了極富特色的京腔、京韵，是北京文化中不可或缺的部分。隨着時代發展，人口流動頻繁，語言交互影響，老北京話中的精粹如京味兒小説、民謡童謡、方音字彙等，日漸淡出，已趨消亡之勢。

爲了更好地挖掘、保護和研究老北京話這一珍貴非物質文化遺産，首都師範大學北京話研究中心啓動了《明、清、民國時期珍稀老北京話歷史文獻整理與研究》項目。本項目是國家社科基金重點項目（編號：10AYY005）『三百年來北京話的歷史演變和現狀研究』、北京市社科重點項目（編號：12WYA002）『北京話的歷史與現狀研究』的學術成果，受到多方關注，同時得到了國家出版基金資助，及北京市教委科研基地建設項目、首都師範大學文化研究院的支持。該項目以對明、清、民國時期珍稀老北京話歷史文獻的整理與研究爲主要目的，并將之集結成册。本套叢書的編輯出版以『調查、整理、傳承、研究』爲基本方針，分小説、音韵、歌謡三大部分。編纂工作繁難復雜，兹將有關事宜略述如次：

一、小説部分。以明、清、民國時期京味兒小説爲主，涵蓋損公、徐劍膽、冷佛、文康等人的代表作品，主要介紹當時北京社會生活狀態、風俗文化、人情世故，同時保留了當時的北京話，反映了北京話的歷史變化。

二、音韵部分。包括記録明、清、民國時期北京語音的《音韵逢源》《京音字彙》和《南北方音》等韵書、字典。

三、歌謡部分。包括《一歲賀聲》《孺子歌圖》和《一八九六歌謡》等歌謡、吆喝。

四、每種圖書均由今人撰寫導讀一篇，主要簡述原作者生平、成書過程，該書思想内容、語言特色、學術價值、版本源流等，采用繁體竪排形式，置於該圖書之前，一并出版。爲方便閲讀，導讀中所引原書部分均進行標點。

五、本套書全部據原書影印出版。有些資料因年代久遠，珍貴難尋，或有個别頁碼缺失、字迹脱落現象，實難求全，謹以歷史文獻原貌呈現。

六、在部分圖書中，後来學者直接在書上作了校勘或標注，影印出版時亦予保留，以存原貌。

七、爲方便閱讀，保留了原書的扉頁、版權頁等。又每册之首均新編了目録，以便檢閲。

八、因當時印刷技術所限或人爲抄寫等原因，原書中會出現錯、脱、衍、乙字等情况，請注意辨别。

《明、清、民國時期珍稀老北京話歷史文獻整理與研究》文獻卷帙浩繁，時間倉促，難免出現缺失疏漏，誠望社會各界批評指正。

二〇一四年六月

編　者

目録

兒女英雄傳評話第二十一回

回心向善買犢賣刀　隱語雙關借弓留硯

這書前二十回已把安何張三家聯成一片穿得一串書中不再煩敘從這二十一回起就要作一篇雕弓寶硯已分重合的文章成一段雙鳳齊鳴的佳話卻說安太太婆媳二人那日會着何玉鳳姑娘便同褚大娘子都在他青雲山山莊住下彼此談了半夜心意相投直到更深大家纔得安歇外面除了本莊莊客長工之外鄧九公又撥了兩個中用些的人在此張羅明日伴宿的事安老爺又留下戴勤並打法了華忠來幫着照料連夜的宰牲口定小

萊蓮那左隣右舍也跟着騰房子調桌櫈預備落作忙碌
得一夜也不曾好生睡得裡邊褚大娘子纔聽得雞叫便
先起來梳洗帶着那些婆兒們打掃屋子安太太婆媳合
玉鳳姑娘也就起來梳洗完畢早有褚一官帶人送了許
多吃食外面收拾好了端進來安太太便讓道大姑娘今
日可得多吃些昨日鬧得也不曾好生吃晚飯那知這位
姑娘諸事難說話獨到了吃上不用人操心呢一時上下
大家吃完安老爺早同鄧九公從家裡吃得一飽前來看
望姑娘合姑娘寒暄了幾句姑娘便依然跪在靈旁盡哀
盡禮便有戚屬帶着他女婿隨緣兒合親家華忠也來叩

見姑娘姑娘見自巳的了鬟也有了托身之地並且此後也得一處相聚更是放心又見褚大娘子淵着華忠一口一個大哥姑娘因問道你那裡又跑出這麼個大哥來了褚大娘子道這可就是你昨日說的我們那個親戚兒姑娘纔明白便是安公子的華奶公兩人見過出去華忠又進來回張親家老爺親家太太來了原來這老兩口兒昨日聽得十三妹姑娘有了下落恨不得一口氣就跟了來見見只因安老爺生恐這裡訴沒定規親家太太來了再鬧上一陣不防頭的怯話兒給弄糟了所以指稱着托他二位照看行李且不請來叫在店裡聽信及至他昨晚得

了信今日天不亮便往這裡趕趕到青雲堡褚家莊可可兒的大家都進山來了他們也没進一直的又提到此地進門朝靈前拜了幾拜便過來見姑娘哭眼抹淚的說了半天大意是謝姑娘從前的恩情道姑娘現在的煩惱禮到話不到說是說不清橫豎算這等一番意思就完了事了鄧九公便讓張老在前廳去坐內中只有褚大娘子是不曾見過這位張太太的他心裡暗說怎麼這等一個娘會養金鳳姑娘這麼一個聰明俊秀的女孩兒呢這褚大娘子本就有些頑皮不免要耍笑他只是礙着張姑娘不肯便他問了好說了幾句話因問你老人家今日甚麼時

候坐車往這麽來的他道那裡還坐車呀我說纔多遠兒呢偺走了去罷他爹說我怕甚麽撒開鴨子就到咧你那踱拉踱拉的踱拉到儹時候纔到嘎那麽着我可就說不你就給我找個二把手的小單拱兒來罷誰知僱了輛小單拱兒那推車的又是老頭子倒夠着八十多週兒咧推也推不動沒的慪的慌還沒我走着爽利咧大家聽了要笑又不好笑偏偏這八十多週兒的話又正台了鄧九公的歲數兒鄧九公聽了倒有些不好意思起來便搭訕着閒褚一官道偺們外頭的事情都齊了沒有褚一官道都齊了只聽裡頭的信兒原來安鄧兩家商量定了都是這

日上祭安老爺見張家二老來了又告訴鄧九公給他家也備了桌現成的供菜弟一起便是安老爺上祭褚一官連忙招護了戴勤華忠隨緣兒進來整理棹椅預備香燭這山居却沒那些鼓樂排塲獻奠儀注只大家把祭品端來擺好王鳳姑娘看了看那供菜除了湯飯茶酒之外絶不是莊子上叫的那些楞雞匾丸子紅眼兒魚花板肉的十五大碗却是不零不搭的十三盤裡面擺着全羊十二件一路四盤擺了三路中間又架着一盤便是那十二件裡片丁來的攢盤連頭蹄下水都有只見安老爺拈過香[illegible]後安太太帶了張姑娘也一

樣的行了禮姑娘不好相攙只有按拜還禮祭完只見安太太恭恭敬敬把中間供的那攢盤撤下來又向盤裡撥了一撮飯澆了一匙湯要了雙筷子便自己端到玉鳳姑娘跟前彎身下去讓他吃些不想姑娘不吃羊肉只是搖頭安太太道大姑娘這是老太太的克食多少總得領一點兒說着便夾了一片肉幾個飯粒兒送在姑娘嘴裡姑娘也只得嚼着咽了咽只管咽了却不知這是怎麼個規矩當下不但姑娘不懂連鄧九公經老了世事的也以爲創見不知這却是八旗弔祭的一個老風氣那時候還行這個禮到了如今不但見不着聽也聽不着竟算得個史

閑文了閑話少說一時撤下去鄧九公因爲自已算個地主便讓張家二老上祭端上一棹葷素供菜來供好張老也拈了香磕了頭到了親家太太了磕着頭便有些話白兒只聽不出他嘴裡咕囔的是甚麽等他兩個祭完了便是鄧九公同了女兒女婿上祭只見熱氣騰騰的端上一桌菜來無非海錯山珍雞鴨魚肉之類也有大盤的饅頭整方的紅白肉却弄的十分潔誠精致供好鄧九公同褚一官夫妻也照前拈香行禮禮畢褚一官出去焚化紙錁他父女兩個便大哭起來姑娘也在那陪哭戴勤家的合隨緣兒媳婦都跪在姑娘身後跟着哭你道這鄧家父女

兩個是哭那一位何太太不成那何太太是位忠厚老實不過的人再加上後來一病不但鄧九公合他漠不相關便是褚大娘子也合他兩年有餘不曾長篇大論的談過個家長裡短却從那裡得這許多方便眼淚原來他父女兩個都各人哭得是各人的心事鄧九公心裡想着是人生在世兒子這種東西雖說不過一個蒼生却也是少不得的即如這何家的夫妻二位假如也得有安公子這等一個好兒子何至於弄到等女兒去報仇要女兒來守孝眼前雖說有玉鳳姑娘這等一個頂天立地的女兒作到這個地位已經不知他心裡有幾萬分說不出的苦楚了

況且世路上又怎樣指得准有這等一位破死忘魂衛顧人的安老爺呢楚回來再想到自已身上也只仗了一個女兒照看難道眼看九十多歲的人還指望養兒得濟不成再說設或生個不肖之子慢講得濟只這風燭殘年沒的倒得眼淚倒回去望肚子裡流肸膊折了望袖子裡褪轉不如一心無礙却也省得多少命脈精神這是鄧九公的心事褚大娘子心裡想的是一個人托生給人做個女兒雖說合那作兒子的侍奉終身不同却是同一盡孝都該報答這番養育之恩只是作個女兒到了何玉鳳這樣個光景也就算得個[illegible]兒子了但是天不成全他遇見這等時

運也就没法兒何況於我縱説我隨了老父朝夕奉養比他強些老人家已是老健春寒秋後熱譬如朝露去日苦多那時無論我心裡怎樣的孝順難道還能派定了人家褚家子弟永遠接續鄧家香烟不成這是褚大娘子的心事至於他父女兩個心疼那姑娘捨不得那姑娘却是一條腸子又因這疼他捨不得他的上頭却又用了一番深心早打算到姑娘臨起身的時候給他個斬鋼截鐵不垂别淚因此要趁着今日把這一腔離恨哭個痛快便算合他作别臨期好讓他不着一絲牽掛流連安心北上去走他那條立命安身的正路正是一番英雄作用兒女情腸

當下父女兩個悲悲切切抽抽噎噎哭的十分傷慘安老爺合張老早把鄧九公勸住安太太合張媽媽兒也來勸褚家娘子張姑娘便去勸玉鳳姑娘安太太向褚家娘子道姑奶奶歇歇兒罷倒别只管招大姑娘哭了只這一句越發提起褚大娘子捨不得姑娘的心事來委委屈屈又哭個不住半日半日纔慢慢的都勸住了褚一官同了衆人便把飯菜撤下去鄧九公囑咐道姑爺這桌菜可不要糟塌了撤下去就蒸上回來好打發裡頭吃褚一官一面答應便同華忠等把桌子擦抹乾淨出去外面早有山上山下鄰村近莊的許多老少男女都來上祭也有打陌紙

錢來的也有糊個紙包袱裝些錁錠來的還有買對小雙包蠟拿着箍高香一定要點上燭燒了香纔磕頭的又有煮兩隻肥雞拴一尾生魚來供的甚至有一蒲包子爐食餑餑十來個雞蛋幾塊粘糕餅子也都來供獻供獻磕個頭的這些人一來爲着姑娘平日帶他們恩厚況又銀錢揮霍誰家短個三吊兩吊的有求必應二來有這等一個人住在山裡等閑的匪人不敢前來欺負三來這山裡大半是鄧九公的房莊地畝衆人見東翁尚且如此誰不想來盡個人情因此上都眞心實意的磕頭禮拜那班村婆村姑還有些讚歎點頭擦眼抹淚的這要擱在姑娘平日

早不耐煩起來了不知怎麼個原故經安老爺昨日一番話這條腸子一熱再也涼不轉來便也合他們灑淚倒說了許多好話道達這兩三年承他們服侍母親支應門戶的辛苦這一陣應酬大家散後那天已將近晌午鄧九公道這大家可該餓了便催着送飯自已便陪了安老爺父子張老三人外面去坐一時端進菜來潑滿的燕窩滾肥的海參大片的魚翅以至油雞塡鴨之類擺了一棹子褚大娘子拿了把筷子站在當地向張親家太太道張親家媽可不是我外帶你老我們老爺子合我們二叔是磕過頭的弟兄我們二嬸兒也算一半主人今日可得請你老

人家上坐張太太聽了擺着手兒扭過頭去說道姑奶奶你不用價讓我我可不吃那飯哪安太太便問道親家你這樣早就吃了飯來了麽張太太道沒有價雞叫三遍就忙着往這裡趕我那吃飯去呀張姑娘聽了便問媽你老人家既沒吃飯此刻爲甚麽不吃呢不是身上不大舒服阿他又綳着眉連連搖頭說沒有價沒有價褚大娘子笑道那麽這是爲甚麽呢你老人家不是挑了我了他又忙道我的姑奶奶我可不知道嗎叫個挑禮呀你只管讓他娘兒們吃罷可惜了的菜回來都冷了大家猜道這是個甚麽原故呢他又道沒原故我自家心裡的事我自家知

道何玉鳳姑娘在旁看了心想這位太太向來沒這麼大脾氣呀這是怎麼講呢忍不住也問說你老人家不是怪我沒讓阿我是穿着孝不好讓客的他這纔急了說姑娘可了不的了你這是儜話我要怪起你來那還成個儜人咧我把老實話告訴給你說罷自從姑娘你上年在那廟裡救了俺一家子不是第二日偺就分了手了嗎我可就合我那老伴兒說我說這姑娘偺也不知那年纔見得着他呢見着他還好要見不着偺可就只好是等那輩子變個牛變個驢給他豁地拽磨去罷誰知道今兒又見着你了呢昨日聽見這個信兒就把我倆樂的百嗎兒以的我

倆可就給你念了幾聲佛許了個愿心我老伴兒他許的是逢山朝頂見廟磕頭我許下給你吃齋玉鳳姑娘道你老人家就許了爲我吃齋也使得今日又不是初一十五又不是甚麼三災呀八難的可吃的是那一門子的齋兒他又道我不論那個我許的是一年三百六十天的長齋安太太先就說親家這可沒這個道理他只是擺着手搖着頭不聽褚大娘子見這樣子只得且讓大家吃飯一面說道那也不值甚麼等我裡頭趕着給你老炸點兒鍋渣麵觔下點兒素麵罢吃他便嚷起來了說姑奶奶你可不要白費那事呀我不吃別說鍋渣麵觔我連鹹醬都不動

我許的是吃白齋褚大娘子不禁大笑起來說噯喲我的親家媽你老人家這可是攙了一年到頭不動鹽醬儻或再長一身的白毛兒那可是個甚麼樣兒呢說的大家無不大笑他也不管還是一副正經面孔望了衆人褚大娘子無法只得叫人給他端了一碟蒸饅頭一碟豆兒合芝蔴醬盛的滾熱的老米飯只見他把那饅頭和芝蔴醬推開直眉瞪眼白着嘴撑拉了三盌飯說得了你再給我點滾水兒喝我也不喝那釅茶我吃白齋不喝茶他女兒望着他娘又是可笑又是心疼說道媽呀你老人家這可不是件事是說是爲我姐姐都是該的這個白齋可吃到多

早晚是個了手呢他向他女兒道多早晚是了手我告訴給你我等他那天有了婆家齊家得過了我纔開這齋呢玉鳳姑娘纔要說話大家聽了先笑道這可斷乎使不的他道你們這些人們都别價說了出口是願借這裡一塊小那西天的老佛爺早知道了使不的咱兒著不當家花拉的難道還改得口哇改了也是造孽我自已各兒作孽倒有其限這是我爲八家姑娘許的那不給姑娘添罪過㖿恩將仇報是話聽玉鳳姑娘一面吃飯把他這段話聽了半日前後一想心裡暗暗的說道我何玉鳳從十二歲一口單刀創了這幾年甚麽樣兒的事情都遇見過可從

沒輪過嘴窩過心便是昨日安家伯父那樣的經濟學問韜畧言談我也還說個十句八句的今日遇見這位太太這是塊魔我可沒了法兒了此時合他講大約莫想講得清楚只好慢慢的再商量罷列公這念佛持齋兩椿事不但爲儒家所不道並且與佛門毫不相干這個道理却莫向婦人女子去饒舌何也有等恨錢的吃天齋也省些魚肉花消有等嘴饞的吃天齋也落些腸胃油膩吃又何傷要說一定得吃三百六十天白齋這却大難即如這位太太方纔乾嚥了那三盌白飯再拿一鍋白水一滌據理想着少一刻他没有個不餓心的那知他不但不餓心敢

則從這一頓起一念吃白齋九牛拉不轉他就這麼吃下去了你看他有多大橫勁一個鄉里的媽媽兒他可曉得甚麼叫作恒心他又曉得甚麼叫作定力無奈他這是從天良裡發出來的一片至誠且慢說佛門的道理這便是聖人講的惟天下至誠惟能盡其性又道是惟天下至誠爲能化至於作書的爲了一個張親家太太吃白齋就費了這幾百句話他想來未必肯這等無端枉費筆墨列公牢記話頭你我且看他將來怎樣給這位張太太開齋開齋的時候這番筆墨倒底有個甚麼用處話休絮煩一時裡外吃罷了飯張老夫妻惦記店裡無人便忙忙告辭回

去鄧九公褚一官送了張老去後便陪了安家父子進來安老爺便告知太太已經叫梁材到臨清去看船又計議到將來八口怎樣分坐行李怎樣歸着這個當兒鄧九公便合女兒女婿商量明日封靈後怎樣撥人在此看守怎樣給姑娘搬運行李收拾房間正在講的熱鬧忽然一個莊客進來悄悄的向褚一官使了個眼色請了出去不一時褚一官便進來在鄧九公耳邊嘁嘁喳喳說了幾句話只見鄧九公睜起兩隻大眼睛望着他道他們老弟兄們怎麼會得了信兒來了褚一官道你老人家想他們離這裡通算不過二三百地是說不敢到這裡來騷擾這裡兩

頭兒通着大道來往不斷的人有甚麽不得信兒的安老爺聽了忙問甚麽人來了鄧九公道便是你我前日合你講的那個海馬周三說着又回頭問褚一官道就他一個人來的褚一官道怎麽一個人兒他們四寨的大頭兒俱齊了來的認得的是牤牛山的海馬周三截江獺李老避水猴韓七獺象嶺的金大鼻子竇小眼兒野豬林的黑金剛一簍油雄雞渡的草上飛叫五更還有一個我不對付他他倒合小華相公認識他們說話來着他還問起二叔來着呢鄧九公聽了低下頭去大露爲難且住這班人就這等不三不四的幾個綽號倒底是些甚麽人物怎的個

來您原來這海馬周三名叫周得勝便是那年被十三妹姑娘刀斷剛鞭打倒在地要給他擦胭抹粉落後饒他性命立了罰約的那個人他一向本是江洋大盜因他善於使船專能搶上風趕順水水面交起鋒來他那隻船使的如快馬一般因此人送他一個綽號叫他作海馬周三那李老名叫李茂韓七名叫韓勇他兩個在水底都伏得三日三夜那李茂使一對熟銅拐能在水底跟着船走得便一拐搭住船幫上去掄起拐來任是你船上有多少人管取都被他打下水去那隻船算屬了他了那韓勇使一柄短柄鑌鐵狠[illegible]腰間一條鎖鍊拴着一根百煉鋼錐有一

尺餘長其形就彷彿個大氷擬的樣子靠着這兩件兵器專在水裡鑿那船底任是甚麼大船禁不起他鑿上一個窟窿船一灌進水去便擱住了他搶老實的因此人比他兩個作江裡吃人的水獺水底壞船的海狗一般叫他作截江獺避水狗這三個人同了大鼻子金大力小眼兒賀雲光從前在淮南一帶以至三江兩浙江河湖海裡面刦脫客商那水師官兵等閒不敢正眼來看他後來遇着施世綸施按院放了漕運總督收了無數的綠林好漢查拿海寇這幾個人既在水面上安身不牢又不肯改邪歸正跟隨施按院便改了旱路營生會合他們旱路上一班好

朋友黑金剛郝武一隻油謝標草上飛吕萬程叫五更董方亮四個人夥那郝武使一根金剛降魔杵一隻油謝使一把雙刃銳草上飛使一把雞爪飛抓叫五更不使兵器只挽一面遮身牌專一藏在牌後面用鵝卵石飛石打人百發百中這丸籙好漢就分站了丸牛山癩象嶺野猪林雄雞渡四坐山頭打家刼舍喂說書的你這話說的有些大言無對了我大清江山一統太平萬年君聖臣賢兵强將勇豈合那季漢南宋一樣怎生容這班人照着三國演義上的黃巾賊水滸傳上的梁山泊胡作非爲起來難道那些督府提鎮道府怂游都是不管閒事的不成列公這話

却得計算計算那時候的時勢講到我朝自開國以來除小事不論外開首辦了一個前三藩的軍務接着辦了一個後三藩的軍務緊跟着又是平定西北兩路的大軍務通共合着若干年多大事那些王侯將相何嘗得一日的安閒好容易海宴河清放牛歸馬到了海馬周三這班人不過同人身上的一塊頑癬良田裡的一顆蒺藜也值得去大作不成況且這班人雖說不守王法也不過為着饑寒兩字他只劫脫些客商絕不敢擄掠婦女慢道是攻打城池他只貪圖些金銀絕不敢傷人性命慢說是抗拒官府因此上從不曾犯案到官那等安享昇平的時候誰又

肯無端的找些事來取巧見長反弄到平民受累便是有等微劫的如那談爾音一流人物就做些不義之財他也只好是啞子吃黃連又如何敢自己聲張呢再說當年如鄭芝龍郭婆帶這班大盜鬧得那樣翻江倒海尚且網開三面招撫他來饒他一死何況這些么魔小醜這正是我朝的深仁厚德生殺大權不然那作書的又豈肯照鼓兒詞的信口胡談隨筆亂寫閒話少說却說牯牛山的海馬周得勝截江獺李茂避水狳韓勇三個這日閒暇無事正約了癩象嶺的金大鼻子金大力竇小眼兒鑽雲光野猪林的黑金剛郭武一隻油謝標雄雞渡的草上飛符萬陞

叫五更董方亮在牤牛山山寨一同宴會只見探事的小嘍囉來報說有一起大行李看着箱籠甚多想那金帛定也不少只是白晝過去從人甚多不好動手此時聽說這起行李在茌平老程住了特來報知衆位寨主九霄好漢聽了笑逐顏開都道恭喜買賣到了海馬周三一回頭便向一個小頭目說道老兄弟就是你與一蹚罷你從大路綴下他去看看他落那座店再詢一詢怎麽個方向兒扎手不扎手趁他們諸位都在這裡我們聽個准信大家去彩一彩那小頭目答應一聲爵糕打扮就下山奔茌平大路而來他到了茌平鎮市上先找了個小飯鋪吃了飯便

在街上閑走想我個眼線怎麼叫作眼線呢大凡那些作强盜的沿途都有幾個給他作眼線的熟人叫作地土蛇又叫作臥蛋他便找了這班人打聽得這號行李擠在悦來老店本行李主兒連家眷都遠路看親戚去了不在店裡便是家人也跟了幾個去店裡剩的人無多那小頭目聽了大喜便問可曾打聽得這行李主兒是怎生一個方向兒那人又道也打聽明白了本人姓安是位在旗的作過南河知縣如今是他家少爺從京裡來到南省接他回京去從這裡經過他聽了這話説了不得了這豈不是我那位恩官安太老爺嗎幸是我來探得這個詳細原來這

個小頭目姓石名坤綽號叫作石敢當當日曾在南河工上充當夫頭受過安老爺的好處前番安公子從牤牛山過要讓公子上山飲酒的就是他他聽了這話急於回山便不走原來的大路一直的進了岔道口要想走青雲堡奔桐口出去省些脚程恰巧走到青雲堡走得一身大汗口中乾渴便在安老爺當日坐過的對着小鄧家莊那坐小茶館兒歇着喝茶只見莊上一會兒人來人往又挑着些圓籠裝着傢伙肉腿菜蔬都往山裡送去這鄧褚翁婿他一向都熟識的便問那跑堂兒的道今日莊上有甚麽勾當這等熱鬧那跑堂兒的見問便答說鄧九太爺在這

裡住着呢他爺兒倆這幾天天天進山裡幫人家辦白事明日伴宿後日出殯石敢當又問山裡甚麽要緊人家用他老人家自己去幫忙兒呀跑堂兒的說聽說是鄧九太爺一個女徒弟十三妹家石敢當心裡說道這十三妹姑娘向來於我山寨有恩怎的不曾聽見說起他家有事忙問他家死了甚麽人跑堂兒道說是他家老太太兒石敢當暗說便是這樁事也得叫我寨主知道他喝完了茶付了茶錢便忙忙的回到牡牛山把上項事對各家寨主說知詳細周得勝聽了向那八籌好漢道幸得探聽明白這號行李顛是動不得衆人也有知道的也有不知道的忙

問原故周得勝便把他那年尋鄧九公遇着十三妹的始末原由前前後後據實說了一遍衆人道既然如此我們不可壞了山寨的義氣你道這十三妹刀斷剛鞭的這段因由除了海馬周三截江獺避水猺三個之外又與他大家甚麽相干也跟着講的是那門子的義氣自來作强盜也有個作强盜的路數海馬周三講得是不怕十三妹刀斷剛鞭在人輪子裡把我打倒在地那是勝敗兵家之常只他饒了我那場戴花兒擦胭脂抹粉的羞恥就算留了朋友咧衆人講得是一筆寫不出倆綠林來砍一枝損百枝好看了海馬周三就如同好看衆人一樣所以聽得周

三說了一句大家就一口同音說以義氣爲重其實這些人也不知這十三妹是怎樣一個人怎生一樁事這就叫作盜亦有道焉郄說那海馬周三見衆人這樣尙義便說道今日都爲我周海馬躭悞了衆弟兄們的事我明日理應重整筵席陪話只因方纔據這石家兄弟說起十三妹姑娘家有他老太太的大事明日就是伴宿我明日須得同了韓李兩家兄弟前去盡個情不得在山寨陪只好改日竭誠了衆人裡面要算黑金剛郄武的年長這人生的身高六尺膀濶腰圓一張黑油臉重眉毛大眼睛頦下一部剛鬚性如烈火他一聽海馬周三這話把手一擺說道

麽兄弟你這話說遠了你我弟兄們有財同享有馬同騎你們恩人就是我的恩人何況這十三妹姑娘聽起來是個蓋世英雄難道單是韓李二位給他老太太磕的着頭我們就不該磕個頭兒嗎在坐的衆位有一個不給周家兄弟作這個臉同走一邊的叫他先吃我黑金剛一杵衆人齊說這話有理大家都去明日就請這位石家兄弟引路海馬周三當下大喜便吩附在山寨裡備了一口大猪一羣肥羊一大罈酒又置買了一分香燭紙錁着人先送到前途等候大家歇了一夜次日五鼓他十籌好漢都不帶寸鐵只跟了兩個看馬嘍囉從牤牛山奔青雲山而來

及至問着了十三妹的山莊一行人趲到門前離鞍下馬恰好隨緣兒在莊門外閒望那石坤從前作夫頭的時候見他常跟安老爺到過工上督工因此上前招呼便向他問起安老爺來這段話除了說書的肚子裡明白連鄧褚兩家尚且不知那安老爺怎生曉得底細因此心中不免詫異暗想隨緣兒怎生會認得這班强盜他們怎的還問起我來又見鄧九公低頭不語大有個爲難的樣子纔待開口問他的原委只見他把頭一抬說道老弟今日這椿事倒有些累贅他們既到了這裡不好不讓他們進來在姑娘看着這班人如同腳下泥皮滿不要緊就是他們也

見慣了只是老弟你雖說下了塲究竟是位官府再說弟婦合姪兒媳婦怎生見的慣這班野人此地又再沒個退居如何是好說着又向玉鳳姑娘道姑娘不然倒是你到前廳見見他們打發他們早早回山倒也罷了玉鳳姑娘道我也正在這裡想論我出去這遭倒不要緊但是他們既說來上祭他以禮來我以禮往却不可不叫他到靈前盡這個禮再我眼前就要離這個地方了也得見見他們把從前的話作個交代至於安伯父爺兒們娘兒們幾位誠然不好合這班人相見如今暫且請在這後廈的裡間避一避也不算屈尊安老爺安公子聽了倒不怠的只有

安太太張姑娘聽說要把這起人讓進來早嚇得滿手冷汗褚大娘子道二嬸娘你老人家不用怕這些人都是我父親手下的敗將别說還有我何家妹子在這裡怕甚麼說着一手攙了安太太一手拉着張姑娘連安老爺父子都讓在後厦西裡間暫坐鄧九公便叫人把靈前的香燭點起又着人把那猪羊酒香楮之類都抬到當院裡擺下然後着褚一官讓那起人進來安老爺同公子都站在裡間帘兒邊向外看安太太婆媳合褚大娘子也在板壁邊一個方窻兒跟前竊聽不一時只聽得院子裡許多腳步響早進來了努目横眉腆胸疊肚的一羣人一個個倒是

纓帽緞靴長袍短褂進門來雄糾糾氣昂昂的朝靈前拜罷起身便向姑娘行禮只聽姑娘向那班人大馬金刀的說道周韓李三位前番承你們看我那張彈弓分上到淮安走了一盪我還不曾道得個辛苦今日又勞你衆人遠道備禮到此上祭海馬周三連忙答道這點小事兒那裡還敢勞姑娘提在話下倒是老太太昇天我們該早來效點兒勞只因得信遲了故此今日纔趕來聽說明日就要出殯纔有用我們的去處請姑娘吩咐一句那怕擡一肩兒槓撮鍬土也算我們出膀子笨力盡點兒人心姑娘道這事不好勞動如今明日且不出殯我家老太太也不葬

在這裡消停幾日我便要扶柩回鄉只要我走後你衆人還同我在這裡一般不敢錯了這鄧九太爺再就是不叫我這班鄉隣受累就算你大家的好處了海馬周三道姑娘這話是三年前在衆人面前交代明白的怎敢再有翻悔姑娘道如此很好足見你們的義氣我不好奉陪請外面待茶罷大家暴雷也似價答應一聲連忙退出去噯列公你看好個擺大架子的姑娘好一班陪小心的强盜這大槩就叫作財壓奴婢藝壓當行又叫作一物降一物了却說衆人退出門來到院子裡纔悄悄向鄧九公道從不曾聽見說那裡是姑娘的本鄉本土方纔說要扶柩回鄉

却是怎講論理這話這班人問的就多事在鄧九公更不必耐着煩兒告訴他們豈不省我說書的多少氣力無如鄧老頭兒這個當兒結識了安老爺這等一個把弟又成全了十三妹這等一個門徒願是了了情是答了心裡是沒甚麽爲難了這大約要算他平生第一椿得意的痛快事便是沒人來問因話提話還要找着撈兩句何況問話的又正是海馬周三烏烟瘴氣這班人他那性格兒怎生彆得住只見他一手把那銀絲般的長鬍子一綽歪着腦袋道哈哈你們老弟兄們要問這話麽聽我告訴你們他便等不及出去就站在當院子日頭地裡從姑娘當日怎

替父的要報仇說起一直說道安老爺怎的勸他同鄉合葬雙親不曾落下一個情節連嘴說帶手比忽而嚷忽而笑的向衆人說了一遍衆人不聽這話倒也罷了聽了這話一個個低垂虎頸半晌無言忽見黑金剛郝武把手拍了拍腦門子嘆了口氣向衆人說道列位呀照這話聽起來你我都錯了錯大發了你想誰無父母誰非人子這位姑娘雖然是個女流你只看他這片孝心不忘父親大仇奉養母親半世便有這等一位慈悲肝膽的安太老爺成全他這纔叫英雄志量遇見了英雄志量兒女心腸遇見兒女心腸你我枉在英雄好漢從幼兒就不聽父母教

訓不讀書不務正肩不担担手不提藍胡作非爲以至作了强盜可憐我黑金剛也有八十多歲的老媽我何曾得孝順他一天便是得些不義之財他吃着穿着也是提心吊膽衆兄弟都請回山置事我黑金剛從今洗手不幹我便向山寨裡接了母親找個安穩地方那怕耕種刨鋤向老天討碗飯吃也叫我那老媽安樂幾日再不當這强盜了却說衆人聽了這段情由心裡正都有些感動忽然又加上黑金剛這番話一齊說黑哥哥說的有理便是我們也有父母已故的也有父母現存的既然打破迷關若不及早回頭定然皇天不佑我們大家同心合意今日都跳

出綠林纔是正理鄧九公聽了大喜嚷道好哇又把他那老壯的大拇指頭伸出來說這纔是我鄧老九的好朋友哪說着大家向鄧九公深深的作了個揖說道鄧九太爺我們都要回山尋找房間搬取老小把那些馬匹器械分散嘍囉們願留的留他作個隨身伴當不願留的叫他們各自謀生就此告辭要幹正經的去了鄧九公雙手一攔說且住我鄧某還有一言奉勸大家可恕我直言別想左了我想你衆位這一散伙雖說腰裡都有幾兩盤纏都一時無家可奔無業可歸再說萬金難買的是好朋友你們老弟兄們耳鬢斯磨的在一塊子這一散也怪沒趣兒的

你看這青雲山一帶鞭梢兒一指站着的都是我鄧老九的房子躺着的都是我鄧老九的地那一村兒那一莊兒騰挪騰挪也安插下你衆位了房子如不合式山上現成的木料大約老弟兄們自巳也還都蓋得起果然有意耕種刨鋤的是山荒地山價地租我分文不取那時候消閒無事我找了你們老弟兄們來尋個樹陰涼兒偺們大家多喝兩場子豈不是個樂兒嗎衆人聽到這裡便說這個怎好叨擾鄧九公道列位且莫推辭我還有話再說方纔提的那位安太老爺你大家還不曾見着他的面只聽我說了幾句就立刻跳出火坑來了這等一位度世菩薩

却您的倒不想見他一見眾人齊說那敢是求之不得只不知這位老爺現今在那裡鄧九公哈哈大笑說好教你眾位得知就在屋裡坐着呢說着他便向屋裡高聲叫道把弟呀請出來你看這又是椿痛快人心的事再講安老爺在屋裡聽得清楚正自心中驚喜說不想這班强盜竟有這等見解可見良心不死聽得鄧九公一叫便整了整衣冠款款的出來那石敢當石坤纔望見安老爺便對大眾道眾位哥這便是我那位恩官安太老爺你我快快叩見眾人連忙一齊跪倒口尊太老爺在上小人們都是些亂民本不敢驚太老爺的佛駕如今冒死瞻仰恩官求小

老爺賞幾句好話小人們來世也得好處托生只見安老爺站在台堦兒上笑容可掬的把手一拱說道列位壯士請起方纔的話我都一一聽得明白從來說孽海茫茫回頭是岸放下屠刀立地成佛你衆人今日這番行事纔不枉稱世界上的英雄纔不枉作人家的兒女從此各人立定腳根安分守已作一個淸白良民上天自然加護至於方纔這位鄧九兄的話不必再辭倒要成全他這番義舉你大家便賣了戰馬買頭牛兒丟下兵器拿把鋤兒學那古人賣刀買犢的故事豈不是綠林中一段佳話況且天地生材必有用處看你衆位身材凜凜相貌堂堂儼然日

後遇着邊疆有事去一刀一鎗也好給父母博個封贈衆人聽一句應一句及至聽到這裡一齊磕下頭去說謝太老爺的金言列公誰說衆生好度人難度哇那到底是那度人的没那度人本領閑言少叙安老爺說完了話點點頭把手一舉慱身進房鄧九公便讓大家前廳歇息一個個皷舞歡忻出門上馬而去落後這班人果然都扶老攜幼投了鄧九公來在青雲山裡聚集了個小小村落耕種度日這是後話不提當丁衆人散後大家吃些東西談到這椿事也都覺得快心快意看看天色已晚安家父子鄧家爺[illegible][illegible][illegible]同了褚家莊安太太帶了媳婦同褚大娘子

仍在青雲山莊住下一宿無話次日便是何太太首七鄧九公給玉鳳姑娘備了一桌祭品教他自已告祭那姑娘拈香獻酒自然有一番禮拜哀啼不消細講一時禮畢大家給玉鳳姑娘暫脫孝服封靈後鄧九公早派下了兩個老成莊客八個長工在這裡看守一面另着人把姑娘的細軟箱籠運到莊上把些粗重傢伙等類分散衆人鄧九公又另外替姑娘備了賞賜少時車輛早已備齊男女一行人都向褚家莊而去只可憐山裡的那些村婆村姑還望着姑娘依依不捨玉鳳姑娘到了褚家莊進門便先拜謝鄧褚兩家的情誼那位姨奶奶也忙着張羅烟茶酒飯

褚大娘子先忙着看了看孩子便一面騰屋子備吃的給姑娘打首飾做衣服以至上路的行李什物忙的他把兩隻小脚兒都累扎煞了依鄧九公的意思定要請安老爺闔家并玉鳳姑娘到二十八棵紅柳樹也住幾日無如這位姑娘動極思靜絕不像從前那騎上驢兒就沒了影兒的樣子便是褚大娘子也覺得自己分不開身因向他父親說道老爺子不是我攔你老人家的高興這裡也是你老人家的家偺們家裡通共你老人家合姨奶奶兩位都在這裡呢到西莊兒上又見誰去要就爲偺們家那幾間房子人家二叔二嬸兒大槩都見過再說鬧了這幾天了

他娘兒們也得歇歇兒好上路你老人家疼徒弟也得疼疼女兒只看我這手底下的事情堆的還分的開身大迸的兩頭兒跑嗎這還都是小事這回書要再加上這一陣二十八棵紅柳樹的怎長怎短那文章的氣脈不散了嗎又叫人家作書的怎的個作收搨呢安老爺安太太聽了心下先自愿意鄧九公更是女兒說一是一說二是二的只哈哈笑了一陣也便罷了當下便把安老爺同公子挪到大廳西耳房住讓安太太婆媳同玉鳳姑娘住了東院連張老夫妻也請了來併一應車輛行李都跟過來打算將來就從此旭起身幸喜得他家莊上有個大馬圈另開

車門出入方便登時把一個鄧家東莊又弄成了倆褚家老店連日鄧九公不是同姑娘閒話便是同安老爺喝酒褚大娘子得了空兒便在東院同張姑娘伴了玉鳳姑娘作耍不就弄些吃食給他解悶絕不提起分別一字只有安公子因內裡有位玉鳳姑娘到不好時常進來只合丈人同小程相公褚一官作一處這日恰好粱材從臨淸雇船回來雇得是顯二三三號太平船并行李船伙食船都在離此十餘里一個沿河渡口靠住商定安太太帶了兒子媳婦僕婦丫鬟坐頭船張太太合戴勤家的隨緣兒媳婦跟着姑娘伴靈坐二船張親家老爺合戴勤帶了兩個

小厮也在這船照應安老爺倒坐了三船分撥已定便發行李下船正是人多好作活不上兩天把東西都已發完安老爺安太太又忙着差華忠同程相公由旱路先一步回家告知張進寶預備一切恰好姑娘因那頭烏雲蓋雪的驢兒此後無用依然給還了鄧九公安老爺却又因那驢兒生得神駿便合九公要了作爲日後自己踏雪看山的代步合張老家的一牛一驢并車輛都交華忠順帶了去一切料理停當次日就待搬靈上船這日鄧九公合褚大娘子正在那裡打點姑娘的梳粧匣吃食簍子隨身包袱姑娘看了他父女便有個不忍相離之意不覺滴下淚

來纔待說話九公道偺們且張羅事情不說這個我們還送你個兩三站呢姑娘也就信以為真說話間他看見墻上掛着他那張彈弓便說道我原說這張彈弓給你老人家留下不可失信如今還是留下你老人家見了這彈弓就算見了我罷褚大娘子道你先慢着些兒作人情那彈弓有人借下了姑娘便問誰又借張姑娘接口道還是我我們跟了他一道兒他保了我們一道兒我們可離不開他姐姐暫且借給我們掛在船上仗仗膽兒等到家橫豎還姐姐那時姐姐愛送誰送誰姑娘向來大刀闊斧於這些小事不大留心便道也使得却又一時因這彈弓想起

那塊硯台來因說可是的那塊硯台你們大家賺了我會子又說在這裡咧那裡咧此刻忙忙叨叨的不要再丟下早些拿出來還人家褚大娘子道你早說呀我前日裝箱子順手放在你那個顏色衣服箱子裡了這時候壓在艙底下怎麼拿呀姑娘道你這幾天也是忙糊塗了可又收起他來作甚麼呢褚大娘子道也好他們借了偺們的弓去偺們還留下他們的硯台等你到了京再還他家你要怕忘了我給你托付下個人兒因向張姑娘道大妹子你到家想着等他完了事兒務必務必的提補着二位老人家把他取過來說完二人相視而笑玉鳳姑娘只顧在那

邊帶了他的奶奶合丫鬟歸着鞋腳零星不曾在意那知他二人這話却是機帶雙敲話裡有話這正是鴛鴦繡了從頭看暗把金針度與人要知何玉鳳怎的起身後事畢竟如何下回書交代

兒女英雄傳第二十一回終

兒女英雄傳評話第二十二回

晤雙親芳心驚噩夢　完大事矢志却塵緣

上回書表的是安何兩家忙着上路鄧褚兩家忙着送別一邊行色匆匆一邊離懷耿耿都已交代明白一宿無話次日何玉鳳黎明起來見安太太婆媳合張太太并鄧九公的那位姨奶奶都已梳洗在那裡看着僕婦們歸着隨身行李只有褚大娘子不在跟前姑娘料是他那邊張羅事情不得過來自己便急急的梳洗了要趁這個當兒先過去拜辭九公合褚大娘子敘敘別情及至問了問那姨奶奶纔知他父女兩個起五更就進山照料起靈去

了玉鳳姑娘聽了說道我在這地方整整的住了三年承他爺兒兩個多少好處此去不知今生可能再見正有許多話說怎麼這樣早就走了走也不言語一聲兒呢安太太道九公留下話了說他們從山裡走得遠好遠兒的呢他同他家姑爺姑奶奶合你大兄弟都先去了留下你大爺在這裡招護偺們娘兒們就從這裡動身到馬頭上船等着左右到了船上他爺兒兩個也要來的在那裡的有多少話說不了呢姑娘聽了無法只得匆匆的同大家吃些東西辭了那位姨奶奶收拾動身來到大廳安老爺正在外面等候早有褚家的人同戴勤隨緣兒趕路兒一班

一進艙門便說敢則都到了我可悞了誰知道這一遞多遠着十來里地呢因又向玉鳳姑娘道道兒上走得很妥當你放心罷倒真難爲我們這個大少爺了拿起來三四十里地我們老爺子合你姐夫倒還換替着坐了坐車他跟着驢一步兒也不離我那樣叫人讓他他說不乏又說二叔吩咐他的叫他緊跟着走你們瞧着罷同來到了這裡橫豎也遢邋了安太太道他小孩子家還不該替替他姐姐媽玉鳳聽了心上却是十分過不去正待合褚大娘子說話忽聽他問道張親家媽那裡去了張姑娘道他老人家惦着姐姐的行李纔過那船上去了褚大娘子道真個

的我也到那邊看看去說着起身就走玉鳳姑娘說你到底忙的是甚麽這等慌神似的一句話没說完褚大娘子早站起來出艙去了不一時晉升進來回說何老太太的靈已快到馬頭了安老爺道既如此我得上岸迎一迎你大家連姑娘且不必動那邊許多人夫擁擠在船上没處躲避索興等安好了再過去罷說着也就出去少時靈到只聽那邊忙了半日安放妥當人夫纔得散去船上一面上槅扇擺桌椅打掃乾淨安老爺纔請玉鳳姑娘過去安太太合張姑娘也陪過去姑娘進門一看只見他母親的靈柩包裹的嚴密停放的安穩轉比當日送他父親回京

倍加妥當忙上前拈香磕頭告祭因是合安老爺一家同行便不肯舉哀拜罷起來正要給衆人叩謝早不見了褚大娘子因問褚大姐姐呢索性把師傅也請來大家一處敘敘安老爺道姑娘你先坐下聽我告訴你九公父女兩個因合你三載相依一朝分散不忍相別又恐你戀着師弟姊妹情腸不忍分離倒要長途牽挂因此早就打定主意不合你敘別他兩個方纔一完事就走了此時大約走出好遠的去了說話間只聽得噹噹噹一片鑼响嘩拉拉扯起船篷那些船家叫着號兒點了一篙那船便離了岸一隻隻蕩漾中流順溜而下此時姑娘的烏雲蓋雪驢兒

是跟着華忠進了京了銅胎鐵背的彈弓是被人借了去仗膽兒去了止剩了一把雁翎刀在後艙裡挂着就讓拿上他嗖的一聲跳上房去大約也斷沒那本領噗過一潑跳下水去只得呆呆望了水面發怔再轉念一想這安張鄧褚四家通共爲我一個人費了多少心力並且各人是各人的盡心盡力况又這等處處周到事事眞誠人生在世也就難得碰着這等遭際因此他把離情打斷更無多言只有一心一意跟着安老爺安太太北去安老爺便托了張太太在船伴着姑娘又派了他的乳母了髮便是戴勤家的合隨緣兒媳婦帶着兩個粗使的老婆子伺候安

太太又把自已兩個小丫頭一個叫花鈴兒的給了玉鳳姑娘一個叫柳條兒的給了他媳婦張金鳳這日安老爺安太太張姑娘便在船上陪着姑娘直到晚上靠船後纔各自回船只苦了安公子腳後跟走的磨了兩個大泡兩腿生疼在那裡抱着腿哼哼話休絮煩從這日起不是安太太過來同姑娘閒話便是張姑娘過來同他作耍安老爺也每日過來望望這水路營生不過是早開晚泊阻雨候風也不止一日早到了德州地面却說這德州地方是個南北通衢人烟輻輳的地方這日靠船甚早那一輪紅日尚未啣山一片斜陽照得水面上亂流明滅那船上桅

桿影兒一根根橫在岸上趁着幾株疏柳參差正是漁家晚飯分明一幅畫圖恰好三隻船頭尾相連的都順靠在岸邊那運河沿河的風氣但是官船靠住便有些村莊婦女趕到岸邊提個藍兒裝些零星東西來賣如蔴繩棉線零布帶子以至雞蛋燒酒豆腐乾小魚子之類都有也爲圖些微利這日安太太婆媳便過玉鳳姑娘這船上來吃飯安太太見岸上只是些婦女那天氣又不寒冷便叫下了外面明瓦窻子把裡面窻屜子也弔起來站在窻前向外合那些村婆兒一長一短的閒談問他這裡的鄉風故事又問他們都在那鄉那村住內中一個道我那村兒叫孝

子村裏太太道怎麼得這等一個好名兒想必你們村裡的人都是孝順的他道不是這麼着這話有百十年了我也是聽見我那老的兒說說老年哪有個教學的先生是個南直人在這地方開個學館就没在這裡了他也没個親人兒大夥兒就把他埋在那亂葬崗子上咧落後來他的兒作了官來找他父親來聽說没了他就挨門打聽那埋的地方也没人兒知道我家住的合他那學堂不遠兒我家老公公可倒知道呢翻屍倒骨的誰多這事去也就没告訴他在那兒他没法兒了就在漫荒野地裡哭了一場誰知受了風回到店裡一病不起也死了我村裡給他

蓋了個三尺來高的小廟兒因這個大家都說他是孝子孝子的叫開了就叫孝子村安太太聽着不禁點頭贊嘆姑娘聽了這話心裡暗道原來作孝子也有個幸不幸也有個天成全不成全只聽這人身為男子讀書成名想到父親的骸骨竟會到無處可尋終身抱恨想我何玉鳳遇見這位安伯父兩地成全一亝合葬可見不求人的這句話斷說不起這等一想覺得聽着這些話更有滋味不禁又問那村婆兒道你們這裡還有照這樣的故事兒再說兩件我們聽聽又一個老些的道我們德州這地方兒古怪事兒多着咧古怪再古怪不過我們州城裡的這位新

城隍爺咧姑娘笑道怎麼城隍爺又有新舊呢那人消你
可說麼那州那縣都有個城隍廟那廟裡都有個城隍爺
誰又見城隍爺有個甚麼大靈應來着我這裡三年前頭
忽然一天到了半夜裡聽見那城隍廟裡就合那人馬三
齊笙吹細樂也似的說換了城隍爺新官到任來咧起那
天這城隍爺就靈起來了不下雨求求他天就下雨不收
成求求他地就收成有了蝗虫求求他那蝗虫就都飛在
樹上吃樹葉子去了不傷那莊稼到了誰家爲老的病去
燒炷香許個願更有靈應今年年時個我們山裡可就出
了一隻磣大的老虎天天把人家養的猪羊拉了去吃州

裡派了多少獵戶們打他倒傷了好幾個人也沒人敢惹他大夥兒可就去求他老人家去了那天刮了一夜沒影兒的大風這東西就不見了後來這些人們都到廟裡還愿去〻一開殿門瞧見供桌前頭直挺挺的躺着比牛還大的一隻死黑老虎纔知道是城隍爺把他收了去了我們那些鄉約地保合獵戶們就報了官那州官兒還親身到廟裡來給他磕頭聽說萬歲爺還要給他修廟掛袍哩你說這城隍爺可靈不靈姑娘向來除了信一個天之外從不信這些說鬼說神的事却不知怎的聽了這番話像碰上自已心裡一椿甚麽心事又好像在那裡聽見誰說

過這話的似的只是一時再想不起說着天色已晚船內上燈那些村婆兒賣了些錢各自回家安太太合張姑娘便也同船玉鳳姑娘合張太太這裡也就待睡一路來張太太是在後艙橫牀上睡姑娘在臥艙牀上睡隨緣兒媳婦便隨着姑娘在牀下搭地鋪當下各各就枕可煞作怪這位姑娘從來也不知怎樣叫作失眠不想這日躺在枕上翻來覆去只睡不穩看看轉了三鼓纔得沉沉睡去便聽得隨緣兒媳婦叫他道姑娘老爺太太打發人請姑娘來了姑娘道這早晚老爺太太也該歇下了有甚麼要緊事半夜裡請我過船隨緣兒媳婦道不是這裡老爺太太

是我家老爺太太從任上打發人請姑娘來的姑娘聽了心裡恍惚好像父母果然還在便整了整衣服不知不覺出了門不見個人只有一匹雕鞍錦韂的粉白駿馬在岸上等候姑娘心下想道我小時候隨着父親最愛騎馬自從落難以來從也不曾見匹駿馬這馬倒像是個駿物待我試他一試說着便認鐙扳鞍上去只見那馬雙耳一豎四腳凌空就如騰雲駕霧一般耳邊只聽得嗯嗯的風聲展眼之間落在平地眼前却是一座大衙門見門前有許多人在那裡伺候姑娘心裡說道原來果然走到父親任上來了只是一個副將衙門怎得有這般氣槩心裡一面

想那馬早一路進門直到大堂站住姑娘纔棄鐙離鞍便有一對女僮從屏風迎出來引了姑娘進去到了後堂一進門早見他父母雙雙的坐在牀上姑娘見了父母不覺撲到跟前失聲痛哭叫聲父親母親你二位老人家撇得孩兒好苦只聽他父親道你不要認差了我們不是你的父母你要尋你的父母須向安樂窩中尋去却怎生走到這條路上來你旣然到此不可空回把這樁東西交付與你去尋個下半世的榮華也好准折你這塲辛苦說着便向案上花瓶裡拈出三枝花來原來是一枝金帶圍芍藥一枝黃鳳仙一枝白鳳仙結在一處姑娘接在手裡看了

看道爹娘啊你女兒空山三載受盡萬苦千辛好容易見着親人怎的親熱話也不合我說一句且給我這不着緊的花兒况我眼前就要跳出紅塵我還要這花兒何用他母親依然如在生一般不言不語只聽他父親道你怎的這等執性你只看方纔那匹馬便是你的來由這三枝花便是你的去處正是你安身立命的關頭我這裡有四句偈言吩咐你說着便念了四句道

天馬行空　名花並蒂
來處同來　去處同去

你可牢牢緊記切莫錯了念頭我這裡幽明異路不可久

留去罷姑娘低頭聽完了那四句偈言正待抬頭細問原由只見上面坐的那裡是他父母却是三間城隍殿前寢宮案上供着泥塑的德州城隍合元配夫人兩邊排列着許多鬼判嚇得他攥了那把花兒忙忙的廻身就走將出得門却喜那匹馬還在當院裡他便跨上一轡頭跑回來却是失迷了路逕正在不得主意只聽路旁有人說道茫茫前路不可認差了路頭姑娘急忙催馬到了那人跟前一看原來是安公子又聽他說道姐姐我那裡不尋到你父母因你不見了着人四下裡尋找你却在這裡須要姑娘見公子迎來只得下馬及至下了馬恍惚間那馬早不

見了安公子便上前攙他道姐姐你辛苦了待我扶了你起姑娘道嗟豈有此理你我男女受授不親你可記我在能仁寺救你的殘生那樣性命呼吸之間我尚且守這大禮把那弓稍兒扶你你在這曠野無人之地怎便這等冒失起來公子笑道姐姐你只曉得男女受授不親禮也你可記得那下一句姑娘聽了公子這話分明是輕薄他不由得心中大怒纔待用武怎耐四肢無力平日那本領氣力一些使不出來登時急得一身冷汗嗳呀一聲醒來却是南柯一夢連忙翻身坐起還不曾醒得明白一手攥着個空拳與口裡說道我的花兒呢只聽隨緣兒媳婦答應

道姑娘的花兒我收在鏡匣兒裡了姑娘這纔曉得自已說得是夢話聽得他在那裡答岔兒便啞的笑了一口說甚麼花兒你收在鏡匣兒裡他却鼾鼾的又睡着了姑娘回頭叫了張太太兩聲只聽他那裡酣吼如雷聽得更覺自己便披上衣裳坐起來把夢中的事前後一想說我自來不信這些算命打掛圓夢相面的事今夜這夢作的却有些古怪分明是我父母怎的不肯認我又怎的忽然會變作城隍呢這不要是方纔我聽見那村婆兒講究甚麼舊城隍新城隍咧鬧的罷想了半日又自言自語的道且住我想起來了記得在青雲山莊見着我家奶公的那日

他會說過當日送父親的靈到這德州地方曾夢見父親成神說的那衣冠可就合我夢中見的一樣再合上這村婆兒的話這事不竟是有的了嗎但是既說是我父母却怎麽見了我沒一些憐惜的樣子只叫我到安樂窩另尋父母去我可知道這安樂窩兒在那裡呢再說又告訴我那匹馬那三枝花便是我的安身立命這又是個甚麽講究呢到了那四句話又像是籤又像是課叫人從那裡解超這個葫蘆提可悶壞了人了姑娘本是個機警不過的人如此一層層的往裡追究進去心裡早一時大悟過來自已說道不好了要照這個夢想起來我這番跟了他們

來的竟大錯了那安樂窩裡面的話可不正合着個安字那安公子的名便叫作安驥表字又叫作千里號又叫作龍媒可不都合着個馬字那枝黃鳳仙花豈不合着張姑娘的名字那枝白鳳仙花豈不又正合着我的名字那枝金帶圍芍藥不必講自然應着功名富貴的兆頭便是安公子無疑了且莫管他日後怎樣的富貴怎樣的功名但是我這作女孩兒的一條身子便是黃金無價一點心便是白玉無瑕想我當日在悅來店能仁寺作的那些事在我心裡不過爲着父親的冤仇自己的委屈激成一個路見不平便要拔刀相助的性兒不作則已一作定要作個

痛快淋漓纔消得我這副酸心熱淚這條心可以對得起天地鬼神究竟我何嘗為着甚麼安公子不安公子來着呢如今果然要照夢中光景撞出這等一段姻緣來不用講我當日救他的命也是想着他贈金也是想着他借弓也是想着他偏偏的我又一時高興無端把個張金鳳給他聯成一雙佳耦更仿佛是我想着他纔把他配合他好叫他周旋我如今索興迴避迴避的跟了他來了就這面子上看我自己且先沒得解說的又焉知他家不是這等想我呢我何玉鳳這個心跡大約說破了嘴也沒人信跳在黃河也洗不清可就完了我何玉鳳的身分了這便如

們是好又呆了會子忽然說道不要管他此刻半路途中有母親的靈柩在此料無別法等到了京急急的安了葬我便催他們給我找那座尼庵那時我身入空門一身無礙萬緣俱寂去向佛火蒲團上了此餘生誰還奈何得我只是這一路上我倒要遠遠避些嫌疑密密加些防範大大留番心神纔是道理說罷望了望張太太又叫了聲隨緣兒媳婦正在那裡睡得香甜自已重復脫衣睡下不提姑娘覺得自已這個主意元妙如風來雲變牢靠如鐵壁銅墻料想他安家的人夢也夢不到此那知這段話正被隨緣兒媳婦聽了個不亦樂乎原來隨緣兒媳婦說那花

兒收在鏡匣裡的時候却是睡得糊裡糊塗接下語兒說夢話他說過這句把腦袋往被窩裡偎了一偎又着了及至姑娘後來長篇大論的自言自語恰好他醒了聽了聽姑娘說的都是自已的心事他一來怕羞了姑娘二來想到姑娘自幼疼他到了這裡又蒙安老爺安太太把他配給隨緣兒成了夫婦如今好容易見着姑娘聽了聽姑娘口氣大有個不安於安家的意思他正沒作理會處如今聽見姑娘把夢裡的話自言自語的自已度量他索興不則一聲粧睡在那裡靜聽那話雖不會聽得十分明白却也聽了個大槩他便不肯說破因太奶奶合他姑娘最好

消了閒兒便把這話悄悄的告訴了他家大奶奶那金鳳姑娘聽了心中一喜一愁喜的是果然應了這個夢眞是天上人間第一件好事愁的是這姑娘好容易把一條冷腸子熱過來了這一左性可怕又左出個岔兒來因此倒告訴隨緣兒媳婦說這話關係要緊你不但不可回老爺太太連你父母公婆以至你女婿跟前却不許說着一字他倆得從此便不敢提起這個當兒安老爺安太太又因姑娘當日在青雲山莊有一路不見外人的約法三章早吩咐過公子沿路無事不必到姑娘船上去及至他二位老人家見了姑娘不過談些風清月朗流水行雲絕談不到

姑娘身上的事即或談到了談的是到京後怎樣的修墳怎樣的安葬安葬後怎樣找廟那廟要怎樣近便地方怎樣清淨禪院絕沒一字的縫子可尋只這沒縫子可尋的上頭姑娘又添了一層心事他想着是他們如果空空洞洞心裡沒這樁事便該合我家常瑣屑無所不談怎麼倒一派的冠冕堂皇甚至連安驥兩個字都不肯提在話下這不是他們有心事甚麼可見我的見識不錯可就難怪我要急急的跳出紅塵了這是姑娘心裡的事在安老爺安太太并不是看不出姑娘這番意思來心裡想的是你我既然要成全這個女孩兒豈有由他胡作身入空門之

理自然該辦一片至誠心說幾句正經話使他打破迷團
早歸正路纔是但這姑娘可不是一句話了事的人此刻
要一語道破必弄到滿盤皆空莫如且順着他的性兒無
論他怎樣用心只合他裝糊塗却慢慢的再看機會眼下
止莫惹他說出話來這是安老爺安太太心裡的事其實
姑娘是一片眞心珍惜自已安老爺安太太更是一片小
心衛顧姑娘弄來弄去兩下裡都把眞心瞞起來一邊假
作癡聾一邊假爲歡笑倒弄得像各懷一番假意了只顧
他兩家這等一團心眼兒再不想這樁事越發左了這回
書越發累贅了也不知那作書的是因當年果眞有這等

一樁公案秉筆直書也不知他閙着沒的作了我着鑽鋼眼穿小鞋兒吃難心丸兒撒這等一個大謊線兒要作這篇狡獪文章自已爲難自已列公天下事最妙的是雲端裡看厮殺你我且置身局外袖手旁觀看後來這位安水心先生怎的下手這位何玉鳳姑娘怎的回頭張金鳳怎的撮合安龍媒怎的消受那作書的又怎的個着筆閒話休提言歸正傳却說過了德州離京一日近似一日安老爺便發信知照家裡備辦到京一應事件專差趕露兒同了個雜使小厮由旱路進京大船隨後按程行走還不曾到得通州那老家人張進寶早接下來恰好老爺公子都

在太太船上張進寶進艙先叩見了老爺太太起來又給大爺請安太太道你瞧瞧新大奶奶他聽說便轉身磕下頭去說奴才張進寶認主兒張姑娘滿面笑容說伺候老爺太太的人別行這大禮罷公子便趕過去把他扶起來老爺道這算偺們家個老古董兒了他還是爺爺手裡的人呢因問他道你看這個大奶奶我定的好不好他道實在是老爺太太疼奴才爺奴才爺的造化奴才大槩齊也聽見華忠說了這一路老爺合爺可都大大的受驚吃了苦勞了神了說到這裡老爺道這都是你們大家盼我作外官盼出來的呀他又答道回老爺看不得一時天脚着

眼睛呢慢説老太爺的德行就講老爺的居心待人咱們家不是這模樣就完了的老爺往後還要高升幾年兒奴才爺在中了撥奴才糊塗説只怕從此倒要興騰起來了安老爺安太太聽了他這老厰話兒倒也十分歡喜因問了問京中家裡光景他道朝裡近來無事也狠安靜華忠到京奴才遵老爺的諭帖也沒敢給各親友家送信連烏大爺那裡差人來打聽奴才也回覆説沒得到家的准信就只舅太太時常到家來奴才不敢不回舅太太因惦記着老爺太太合奴才爺奶奶已經接下來了在通州馬頭廟裡等着呢老爺道狠好又問園裡的事都預備妥當了

了麼他又回道那裡交給宋官兒合劉住兒兩個辦的都齊備了櫃房的人也跟下奴才來了在這裡伺候聽信兒奴才都遵老爺的話辦得不露火勢也不露小家子氣請老爺太太放心老爺忽然想起問道那劉住兒你也派他在園裡中用嗎他連忙回道老爺問起劉住兒來竟是件怪事自從他悞了奴才爺的事等他剃了頭消了假奴才就請出老爺的家法來傳老爺的諭結結實實責罰了他三十板子誰知他換了這頓打竟大有出息了不賺錢不撒謊竟可以當個人使喚了老爺點頭道這都狠難爲你你歇歇兒也就回去罷家裡沒人他道不相干家裡奴才

把華忠留下了再程師老爺也肯認眞照料的太太道告訴他們外頭好好兒的給他點兒甚麼吃他這麼大歲數了別餓着回去他聽了忙着又跪下說太太的恩典再奴才還得過去見見親家老爺親家太太還有何大太太靈前合那位姑娘請示老爺太太奴才們怎麼樣老爺道靈前你們可以不行禮姑娘且不必見到家再說罷止見見親家老爺就是了公子連說張爹你先歇歇兒去罷站了這半天船上不好走不用滿處跑了他道爺甚麼話一筆寫不出倆主兒來主子的親戚也是主子一歲主百歲奴何況還關乎着爺奶奶呢如今這些纔出土兒的奴才都

是吃他娘的雨天油炒飯就瞧不起主子了老爺這一間來奴才們要再不作個樣子給他們瞧瞧越發了不得了公子被他排的也不敢再說太太道你只管去也歇歇兒不用忙他這纔答應了兩個是慢慢退了出去列公你看怎的連安老爺家的家人也教人看着這等可愛這老頭子大約合那霍士端的居心行事就大不相同了閒話少說說話之間那船一隻跟一隻的早靠了通州龍王廟馬頭這安老爺此番出京爲了一個縣令險些撞破家園今日之下重歸故里再見鄉關況又保全了一個佳兒轉添了一個佳婦便是張老夫妻初意也不過指望帶女兒投

弃一個小本經紀的親眷不想無意中得這等一門親家一個快婿連自己的下半世的安飽都不必愁了至於何玉鳳姑娘一個世家千金小姐弄得一身伶仃孤苦有如斷梗飄篷生死存亡竟難預定忽然的大事已了一息尚存且得重返故鄉雖是各人心境不同却同是一般的歡喜當下安老爺便要派人跟公子到廟裡先給舅太太請安去正吩咐間舅太太得了信早來了船上衆人忙着搭跳板打扶手撤圍幙舅太太下了車公子上前請安舅太太一見公子只叫了聲噯喲外外先就紛紛淚落半日說不上話來倒是公子說請舅母上船罷我母親盼舅母呢

他便攙了舅母後面僕婦圍隨着上了船安老爺在船頭見了舅太太一面問好早見姑太太帶了媳婦站在艙門口裡面等着舅太太便趕上去雙手拉住他姑嫂兩個平日本最合式這一見痛的幾乎失聲哭出來只是彼此都一時無話安太太便叫媳婦過來見過舅母舅太太一把拉住說好個外外姐姐我自從那天聽見華忠說了就盼你們冉盼不到今日可見着了說着拉了安太太進艙坐下公子送上茶來舅太太纔合安老爺安太太說道其實偺們離開不到一年瞧瞧你們在外頭倒碰出多少不順心的事來一個玉格要上淮安就沒把我急壞了叫他去

又不放心不叫他去又怕他鬧出個病來誰想到底鬧了這麼個大亂兒眞要是不虧老天保佑我可怎麼見姑老爺姑太太呢說着又擦眼淚安老爺道萬事都有天定道如何是人力防得來的安太太道可是說的都是上天的恩典你看我們雖然受了多少顚險可招了一個好媳婦兒來了呢說話間恰好張姑娘裝了烟來舅太太便道外外姐姐你來我再細瞧瞧你說着拉了他的手從頭上到脚下打量了一番回頭向安老爺安太太道可不是我說我也不怕外外姐姐思量這要說是個外路鄉下的孩子再沒人信你瞧慢講模樣兒就這說話兒氣度兒偺們城

裡頭大家子的孩子只怕也少少兒的也是他生來的大
槩也是妹妹會調理說到這裡忽然又問道不是說還有
何家一位姑娘也同着進京來了嗎安老爺道他在那船
上跟着我們親家太太呢舅太太又道可是這親家太太
我也該會會呀說着把烟袋遞給跟的人站起來就要走
原來安太太合他姑嫂兩個有個小傲慪兒便說道你怎
麼一年老似一年還是這樣忙叨叨瘋婆兒似的舅太太
道老耍顛狂少要穩我不像你們小人兒家那麼不出繃
房大閨女似的姑太太等你到了我這歲數兒也就像我
這麼個樣兒了安太太道不害臊你通共比我大不上整

兩歲就老了老了麼不打發太太説道這裡不肯往下説舅太太道不打甚麼我替你說罷老了麼不打買餛飩的是不是呀當着外外姐姐這句得讓姑太太呀說的大家大笑連安老爺也不禁笑了一面便叫晉升家的過去告訴明白姑娘合親家太太這個當兒安太太便在舅太太耳邊說了兩句話舅太太似覺詫異又點了點頭大家却也不會留心聽得說些甚麽再講何玉鳳合安太太這邊兩船緊靠只隔得兩層船䆫聽這邊來了位舅太太也不知是誰只聽他那說話的圓和爽利覺得先有幾分對自已的胃脘見晉升家的過來告訴了他一進門定要靈

前行禮便跪在靈旁等候不一時安太太婆媳陪了那位舅太太過來迎門先見過張親家太太又恭罷了靈便趕過來見姑娘安太太說姑娘請起來見罷戴勤家的扶起姑娘來低頭道了萬福原來這舅太太也是旗裝說道姑娘我可不會拜拜呀偺們拉拉手兒罷近前合姑娘拉手姑娘一抬頭舅太太先嗳喲了一聲說怎麽這姑娘合我們外外姐姐長的像一個人哪要不是你兩個都在一塊兒我可就分不出你們誰是誰來了姑娘聽了心裡說道這句話說的可不擱當兒因又轉念一想說我心裡的爲難人家可怎麽曉得呢不要怪他大家歸坐舅太太坐

在上首便往後挪了一挪拉着姑娘說親不間友偺們道麽坐着親香姑娘再三謙讓安太太便告訴他道姑娘不必讓這是我大嫂子無兒無女雖說有兩房姪兒又說不到一塊兒我們兩個最好他一年倒有大半年在我家裡住着也就算個主人了有我這大哥比你們老爺大偺們八旗論起來非親即友那麽論你就叫他大娘論我這頭兒呢屈尊姑娘點兒就也叫他聲舅母姑娘聽了一想現在舅太太面前自然該論現在的便說道我自然該隨着我張家妹妹也叫舅母纔是呢及至說出口來敢則自已這句更不擱當兒一時後悔不來便聽安太太說道那麽

偺們娘兒們可更親香了因又告訴舅太太姑娘怎樣的孝順怎樣的聰明怎樣的心胸怎樣的本領舅太太道你們三家子也不知怎樣修來的姑老爺姑太太有這麼樣一個好兒子我們這位何大妹子合這張親家一家有這麼樣一個好女兒我是怎麼了呢沒修積個兒子來罷了難道進個女兒的命也沒有眞個的我前世燒了斷頭香了說着便有些傷慘姑娘一看心裡說這個人倒是條熱腸子且住我如今是進了京了大事一完就想急急的進廟及至進了廟安家伯母自然不能常去伴我這位張親家媽雖說在我跟前諸事不辭辛苦十分可感我却也一

日叫他聲媽但是到了京人家自然要合他女兒親近親近再他老人家一會兒價那派怯話兒蠢勁兒合那一雙臭腳丫兒臭葉子烟兒却也令人難過看這位舅母的心性脾氣都合我對得來他也孤苦伶仃我也孤苦伶仃怎的得令他都此相依倒也是椿好事姑娘正在那裡一面想一面端起茶來要喝戴勤家的看見道姑娘那茶涼了等換換罷說着走上來換茶舅太太道姑太太派你跟姑娘呢你可好好兒的伏侍這位姑娘戴勤家的笑道奴才不敢錯嘞奴才本是姑娘宅裡的人姑娘就是奴才奶大了的舅太太道哦原來呢還是嬤嬤呢這麼說連你都比

我的命强了你倒底還合姑娘有這麼個緣法兒呀姑娘一聽這話又正鑽到心眼裡來了暗道他旣這樣我何不認他作個乾娘就叫他娘豈不借此把舅母兩字也躲開了不由的開口道舅母這話他那裡當得起舅母若果然不嫌我我就算舅母的女孩兒把個舅太太樂得倒把臉一整說姑娘你這話是眞話是頑兒話姑娘道這是甚麼事也有個合娘說頑兒話的說着更無商量站起來就在舅太太跟前拜了下去舅太太連忙把他拉起來攬在懷裡一時兩道啼痕一張笑臉悲喜交集的說道姑太太今日這椿事我可夢想不到我也不圖別的你我那幾個姪

兒實在不知好歹新近他二房裡還要把那個小的兒叫我養活妹妹知道那個孩子更沒出息兒我說作甚麼呀甚麼續香烟咧又是清明添把土咧我心裡早沒了這些事情了我只要我活着有個知心貼己的人知點疼兒着點熱兒我死後他掉兩個眞眼淚痛痛的哭我一場那就算我得了濟了說着把自己胳坎兒上帶的一個玉連環拴着一個懷鏡兒解下來給姑娘帶上還說這算不個甚麼等你脫了孝我好好兒的親自作兩雙鞋你穿姑娘又站起來謝了一謝安太太道你站着我們費了不是容易的事把姑娘請來算叫你撿了去了舅太太道道可難說

各自娘兒們的緣法兒說着右手拉着姑娘的左手左手拍着他的右肩膀兒眼望着安太太婆媳道今日可合你們落得起瞞了我也有了兒女咧安太太道也好你也可以給我分分勞因合玉鳳姑娘說道大姑娘你要合他處長了解悶兒着的呢第一描畫剪裁扎拉釘扣是個活計兒他沒有不會的你要想個甚麼吃他還造的一桌的好廚再沒了事兒你聽罷甚麼古記兒笑話兒燈虎兒他一一肚子呢你有本事醒一夜他可以合你說一夜那是我們家有名兒的夜遊子話拉拉兒姑娘聽了益發覺得這人不但是個熱人並且是個趣人了書中再表安老爺隔船

靜坐把這邊的話聽了個逼清便踱過這船上來大家連忙站起舅太太道姑老爺來的正好纔要把方纔的話訴說一遍安老爺道我在那邊都聽見了你娘兒們姐妹們說的雖是頑話我却有句正經話大姐姐你這個女兒可不能白認他這一到京在我家墳上總有幾天躭擱你們姑太太到家自然得家裡歸着歸着媳婦又過門不久也是個小人兒呢雖說有我們親家太太在那裡他累了一道兒精神有個到不到的怎麼得舅太太在那裡伴他幾天就好了舅太太道這有甚麼要緊我那家左右沒甚麼可惦記的平白的撥事還在這裡成年累月的閒住着何

況來招護姑娘呢安老爺道果然如此好極了說着就站起來把腰一彎頭一低說我這裡先給姐姐磕頭咧太太連忙站起來用手摸了摸頭把兒說這怎麼說都是自已家裡的事再合姑老爺姑太太說句笑話兒我自已疼我的女兒直不與你二位相干也不用你二位領情當下滿堂嬉笑一片寒暄玉鳳姑娘益發覺得此計甚得此身有托咳古人的話再不錯說道是天下本無事庸人自擾之據我說書的看起來那庸人自擾倒也自擾的有限獨這一班兼人好勝的聰明朋友他要自擾起來更是可憐削如這何玉鳳姑娘既打算打破樊籠身歸淨土無論是誰

叫舅母就叫舅母那怕拉着何仙姑叫舅母呢你幹你的我了我的這又何妨好端端的又認的是甚麽乾娘不凶這番按俗語說便叫作賣盆的自尋的掉句文便叫作癡鼠拖畺春蠶自縛這正是暗中竟有牽絲者舉步投東却走西要知那何玉鳳合葬雙親後怎的個行止下回書交代

兒女英雄傳評話第二十二回終

兒女英雄傳評話第二十三回

返故鄉宛轉依慈母　圓好事嬌嗔試玉郎

這回書表得是安老爺攜了家眷同着張老夫妻兩個護着何玉鳳姑娘扶了他母親何太太的靈柩由水路進京重歸故里船靠通州指日就要到家了這部兒女英雄傳的書演到這個場中後文便是弓硯雙圓的張本是書裡一個大節目俗說就叫作書心兒從來說的好說話不明猶如昏鏡說書的一張口本就難交代兩家話何況還要供給着聽書的許多隻耳朵聽呢再加聽書的有個先來後到便讓先來的諸位聽個從頭至尾各人有各人的穿

衣吃飯正經營生難道也照燕北閒人這等睡裡夢裡吃着自已的清水老米飯去管安家這些有要沒緊的閒事不成如今要不把這段節目交代明白這書聽着可就沒些麽大意味了要講這段書的節目在安老爺當日原因爲十三妹在黑風崗能仁古刹救了公子的性命全了張金鳳的貞節走馬聯姻立刻就把張金鳳許配公子又解橐贈金借弓退寇受他許多恩情正在一心感恩圖報却被這姑娘一個十三妹的假姓名一個雲端裡的假住處一繞懸切裡再料不到這姑娘便是自已逢人便問到處留心不知下落無處找尋的那個累代世交賢姪女何玉

鳳及至聽了他這十三妹的名字又看了公子抄下的他那首詞兒從這上頭摹擬出來算定了這十三妹定是何玉鳳無疑既得着了他的下落便脫去那領朝衫辭官不作前去尋訪及至訪到青雲山不是容易纔因褚大娘子見着鄧九公籠絡住了鄧九公又不是容易纔因鄧九公見着十三妹感化動了十三妹天道好還也算保全了他一條身子救了他一條性命在安老爺的初意也只打算把他伴回故鄉替他葬了父母給他尋個人家也算報過他來了絕絕乎不曾想到公子的姻緣上不想在褚家莊合鄧褚父女兩個筆談的那一天話已說結恰恰的公子

同褚一官出去走了一走的這個當兒褚大娘子忽然的心事上眉頭悄悄的向安老爺合他父親說了何不如此如此的那句話那句話便是要把何玉鳳也照張金鳳的樣子合安龍媒聯成一床三好的一段良緣當下鄧九公聽了先就拍案叫絕立刻使想拿說媒的那把蒲扇倒是安老爺不肯這安老爺不肯的原故一來爲姑娘孝服在身二來想着這番連環計原是衛顧姑娘的一片公心假如一朝計成刻把人家誆來作了自己的兒子媳婦這不全是一國私意了嗎再說看那姑娘的見識心胸大槩也未必肯吃這注儻然因小失大轉爲不妙又不好卻鄧家

父女的美意所以攔住鄧九公說且從緩商及至第二日見着十三妹費盡三毛七孔萬語千言更不是容易一樁樁一件件都把他說答應了他這纔說出他那同京葬親之後便要身入空門的約法三章來彼時老爺生怕打攪了事便順着他的性兒合他商水為誓話雖如此說假如果然始終順着他的性兒說到那裡應到那裡那就只好由着他當姑子去罷豈不成了整本的孽海記玉簪記是攛叫他合趙色空湊對兒去還是合陳妙常比個上下高低呢那怎麼是安水心先生作出來的勾當何況這位姑娘守身若玉勵志如冰便說身入空門又那裡給他找桀

國府送進翡翠巷讓他作檻外人去呢還是從此就撒手不管由他作個山上的姑子背土坯去罷因此安老爺早打定了一個主意無論拚着自已淘乾心血講破唇皮總要把這姑娘成全到安富尊榮稱心如意纔算這樁事作得不落虎頭蛇尾無奈想了想這相女配夫也不是件容易事就自已眼底下見過的這班時派人裡頭不是紈袴公子便是輕薄少年更加姑娘那等天生的一冲性兒萬一到個不知根底的人家不是公婆不容便是夫妻不睦誰又能照我老夫妻這等體諒他豈不悞了他的終身大事左思右想倒莫如依了褚大娘子的主意竟照着何玉

鳳給張金鳳華絲的那幅八間沒兩的新奇畫本就借張金鳳給何玉鳳作稿子合成一段鼎足而三的美滿姻緣叫他姐妹二人學個娥皇女英的故事倒也於事兩全於理無礙於情亦合因此上在鄧家莊住的先幾天那背了衆人把這話告訴了安太太安太太聽了自是歡喜老夫妻兩個便密密的求了鄧家父女說等回京之後看了光景得個機會商量出個道理來如果事可望成再勞大媒完成這樁好事這句話卻因張金鳳還是個新媳婦又慮到恐他合公子閨房私語一時洩露了這個機關老夫妻兩個且都不合張金鳳提起那知張姑娘自從遇着何玉

鳳那日就早存了個好花須是並頭開的主意所以古寺談心纔有向何玉鳳那一問秋林送别纔有催何玉鳳那一走及至見了褚大娘子又是一對玲瓏剔透的新媳婦到了一處才貌恰正相等心性自然相投褚大娘子便背了安老爺安太太並他父親把這話盡情的告訴了張金鳳在褚大娘子也不過是要作成何玉鳳的一片深心那知正恰恰的合了張金鳳的主意所以他兩個纔有借弓留硯的那番啞謎兒安老爺安太太倒不曾留心到此及至上了路張金鳳因見公婆不曾提起自己便也不敢先提這算起來這樁事只有安老夫妻鄧家父女合張金鳳

五個人心裡明白却又是各人明白各人的其餘那些僕婦丫鬟以至張老兩口兒一槩不知影响至於安公子只知把位何小姐擻的如海南龍女但有感恩報德的虔心何小姐又把安公子看得似門外蕭郎略無惜玉憐香的私意其實這二位都算叫人家裝在鼓裡了及至何玉鳳兒安老爺安太太命公子穿孝扶靈心中却有老大的過不去纔把張冰冷的面孔放和了些把條鐵硬的腸子廻暖了些安老爺看了倒也暗中放心覺得這段姻緣像有一兩分拿手夢也夢不到了得州姑娘因作了那等一個夢這一提魂兒又把他那斬鋼截鐵的心腸賽雪欺霜

的面孔給提囘來便打了躲板了老夫妻看了只是納悶不解其所以然張姑娘雖是耳朶裡有隨緣兒媳婦的一段話知其所以然又不好向公婆說起這個當兒離京是一天近似一天了安老爺一個人坐在船上心裡暗暗的盤算說道看這光景此番到京一完了事請他到家他定不來送他入廟我斷不肯只有合他還延日子且把他寄頓在也不算廟也不算家的我家那座故園陽宅裡仍叫他守着他父母的靈也等依了他約法三章的話了騰出這個工夫來却再作理會只是他長久住在那裡這其間隨時隨事看風色趁機緣却是件蟻串九曲珠的勾當那

位張親家太太可斷了不了老爺正在爲難將將船頂馬頭不想恰巧這位凑趣兒的舅太太接出來了一進門兒說完了話便問何姑娘見了何姑娘便認作了母女彼時在這位舅太太是作兒了這等聰明俊俏的一個女孩兒無父無母又憐他又愛他便想到自巳又是膝下荒涼無兒無女不覺動了個同病想憐的念頭彼時安老爺却不曾求到他跟前便是安太太向他耳邊說的那句梯巳也只因爲姑娘有紀府提親那件傷心的事不願人提起恐怕舅太太不知囑咐他見了姑娘千萬莫問他有人家没人家的這句話是個入門問諱的意思誰想姑娘一見舅

太太各人爲各人的心事一陣穿插倒正給安老爺安太太搭上橋了安老爺便打倒金剛賴倒佛雙手把姑娘托付在舅太太身上那舅太太這日便在何玉鳳牀上往下接連着伴送他到了墳園伴送他葬過父母這其間照應他的服食冷暖料理他的梳妝姑娘閒來還要聽個笑話兒古記兒一直管裝管謝到姑娘抱了娃娃他作了姥姥還了個親熱香甜此時後話這正是安老爺笑吟吟不動聲色一副作英雄的手段血淋淋出於肺腑一條發兒女的心腸變作出這天理人情中一椿公案却不是拿着水心先生那等一個腳色由着燕北閒人的性兒怎麽

撥弄怎麽轉怎麽叫怎麽答應列公請想這椿套頭裹腦的事這段合着骨頭露着肉的話這番扯着耳朵腮頰動的節目大約除了安老爺合燕北閒人兩個心裡明鏡兒似的此外就得讓說書的還知道個影子了至於列公聽這部書也不過逢場作戲看這部書也不過走馬觀花真個的還把有用精神置之無用之地費這閒心去刨樹搜根不成如今說書的從旁指點桃源路引得漁郎來問津算通前徹後交待明白了然後這再言歸正傳却說安老爺把何玉鳳姑娘托付了舅太太之後纔得勻出精神料理手下的事便忙着商量分撥家人清船價定車輛歸箱

箱發行李一面打發太太帶了公子合媳婦並僕婦丫鬟人等先同莊園照料只留下舅太太張親家老爺太太戴勤家的隨緣兒媳婦花鈴兒並跟舅太太的僕婦侍婢合兩個粗使老婆子合姑娘同行外邊留下幾個中用些的家人照料自己便打算送姑娘隨靈起身之後先一步進城到墳園料理一應事件又計算到靈樻從通州馬頭起身一路到西山雙鳳村一天斷不能到早有張進寶等在德勝關一帶預備下下處安靈住宿那横房裡得了准信早把行樻預備下來一切佈置妥當到了那日姑娘穿上孝服行了告奠禮便合舅太太同車隨靈到德勝關住下

按下這邊不表却說公子先一日跟了母親同了媳婦到家拜過佛堂祠堂看了看家中風景依然只一個張進寶管了個內外嚴肅一家男女家人叅見已畢華嬤嬤也見過他家大奶奶一時樂得他左看一番右問一番也不知要怎麼親近親近奶奶纔好閑話少敘却說安老爺次日送姑娘下船隨靈起身後自已便穿城行走先回莊園一進二門當院裡早預備下香燭吉祥紙馬老爺帶領闔家謝過天地自已又到佛堂祠堂磕過頭然後進了正房老夫妻雙雙坐下兒媳兩旁侍立奉茶男女家人叅見已畢大家各各的歸着東西伺候酒飯來往奔忙老爺便向太

太道太太你有人生天命安排自有一定非分之榮萬不可以妄求你我受祖父餘蔭守着這幾畝薄田幾間房子雖不寬餘也還不愁凍餒無端的官興發作弄出這一篇離奇古怪的文章所幸今日安穩到家你我這幾個有限的骨肉不曾短得一個倒多了一個便是天祖默佑況又完了何家姪女這場心願我自今以後縱然終老林泉便猶類邀台閣我依就還課子讀書合幾個古聖先賢時常聚聚斷不輕舉妄動了太太道老爺這話說的狠是真這世路上的事看着實在怕人老夫妻帶着兒子媳婦說說笑笑一時吃完了飯撤去殘席老爺便出去拜望程師爺

致謝他在家的照料進來又把大家衆人看家的行路的都叫到跟前慰勞了一番又問了問城裡的房子張進寶道奴才進城常到宅查看本家爺們住的狠安靜家人看的也極謹愼請老爺放心老爺點了點頭大家散去當晚無話次日老爺太太起來便趕早吃了飯帶同兒子媳婦先到他老太爺老太太墳上行禮然後過這邊來看了看辦得不豐不儉一切合宜老爺頗爲歡喜便派人跟了公子叫他穿上孝服向十里外迎接何太太的靈這理老爺也摘了纓兒太太也暫除首飾張姑娘依然穿上孝服外邊穿孝的便是戴勤宋官兒隨緣兒又派了兩個粗使家

入內裡便是路上跟着姑娘的戴勤家的隨緣兒媳婦了鬟花鈴兒合兩個婆子分撥已定安太太便叫媳婦說在船上也悶了一道兒了這墳上週圍都是偺們的地方趁着這工夫只管帶着人閑走走去張姑娘答應了出來這班丫鬟僕婦等閑不得出來又樂得跟着新大奶奶這個攛兒一時都跟了去只剩下兩個粗使的婆子在這裡聽叫安老爺安太太這個當兒倒計議了許多緊要正事他夫妻倆的計議又是些甚麼話甚麼事說書的不會在旁無從交代列公慢慢聽下去少不得有個水落石出暫且不表再正何玉鳳姑娘同舅太太張太太在德勝關店內

住了一夜次早梳洗已畢打了坐尖隨有張進寶同梁材帶了大槓接了下來姑娘只當還照昨日一樣走法及至同舅太太坐車出來一看但見大槓鮮明鼓樂齊備全分的二品執事擺得隊伍整齊旗旛招展心裡說道我那等說安伯父還要這等過費豈不叫我愈多受恩愈難圖報一時跟了殯慢慢的前進走到半路舅太太便吩咐拿車的告訴頂馬又招呼了張太太的車都趕到頭裡一個小下處略歇了歇便一直奔雙鳳村而來還不曾到得那裡舅太太便在車裡指點着告訴姑娘道你看那前面搭白棚的地方就是了那東南上一片大房子便是他家的莊

園西北上好些樹那裡便是他家的墳地我聽得說我們姑老爺就要在他墳地的東首給你父母修墳呢姑娘此時除了心中感激點頭嘆息之外再無別話說話間車早到了安家陽宅後面的跟車一輛輛搶到頭裡去預備服侍下車一時把車拉進大門早有安老爺迎着問了問昨日住店的光景舅太太道好哇姑娘真聽說叫吃就吃敢則賊裡頭的孩兒長這麼大頭一回纔嘗着甜漿粥炸糕油炸果倒狠愛吃老爺道這就叫作親不親故鄉人美不美故鄉水了一時張太太也下了車因腳壓麻了站了會子纔一同進來安太太合媳婦也接出來姑娘正在見着

又見一羣穿孝的男女迎接內中除了宋官兒一個餘者多不認識姑娘同着衆人進了棚從月台西首繞上去見迎門安着供桌門上掛着雲幔早有一口靈偏東些停在那裡姑娘此時一則乍到故土所見的都合外省那怯排場兒兩樣再也是拘於禮法謹飭過去了不免驚持他一時朦住了想不到便是父親的靈位將要問說怎麽母親的靈倒先到了不曾問得出口安老爺站在旁邊說道姑娘你尊翁的靈在此還不下拜一句話提醒了姑娘那裡還顧得改行禮撲上前去便放聲大哭大家從旁勸了良久纔得勸住還是抽噎不止隨即細看了看那口材一重

重漆的十分嚴密光可鑑人自是放心想起安老爺這等辦得週到却又添了一層過意不去大家歇了沒多時早見隨緣兒跑在頭裡來說道快了安老爺便接了出去姑娘跪在東間朝外望着但見一對對儀仗一雙雙鼓手進門都排列兩邊少時鴉雀無聲只聽得一雙响尺噹噹打得迸脆引了他母親那口靈進來安公子穿了一身孝緊跟在靈前雖然抵不得一個孝子却也頗像半個孝子立時安好了位大家無非是祭奠進禮姑娘無非是痛切舍悲不必再贅諸事已畢姑娘站起身來便向安老爺安太太道我何玉鳳不想我父母竟有今日更不想我自已倆

返故鄉這都是伯父伯母的成全姪女兒除磕頭之外再無一字可說了只是伯父伯母辦得未免得費如今斷不可過於耽延或三日或五日便求伯父想着我青雲山莊的那三句話將我父母早些入土我也得早一日去了我的事免得伯父伯母再爲我勞神費力因又望着舅太太道我這姐路上已許下在廟裏長遠伴我伯父伯母更可放心儻蒙伯父始終成全我何玉鳳縱然今世不能報你的恩情來世定來作你的兒女說着便拜了下去安老爺看這光景心裡先說道來了我早就料着你有這把神沙因合太太連忙把他攙起來說道姑娘你這個禮這番話都多餘

你我兩家的交情前番已談過這都是情理當然此時不須煩瑣只是依你說停三日五日未免簡略如今也照你在山裡的樣子停放七天講到安葬化者入土爲安自然早一日好一日我向來却從不信陰陽風水這些講究但是爲老人家的事你作兒女的却不可不存一番慎重須得請個人看看聽他說定那天便是那天至你那三句話我既合你靈前設誓絕不食言但是要找這座廟既須個近便所在又得個清淨道場斷非十日八日可成少也得一月兩月甚至三月半年都難預定總之無論怎樣我一定還你個香火不斷的地方就是了姑娘你道如何姑娘

聽這話説的層層有理再不想大遠的從德州彎了這麽一個乾脆的招兒來纔使出來就乏了無法只好等那風水來看了再講當下大家一遶勞碌了幾日晚飯已罷便也分投安置安老爺仍同了眷屬回家姑娘便同原來的一行上下人等在此住下外間自有張老同了派定的家人照應從這日起也作了幾日好事也燒了些個冥資所喜的是何家無多親友來往便是安老爺的親友本家也因尚不知安老爺擕眷同京的消息都不曾來倒落得少了許多應酬可以安心作事却説次日安老爺夫妻正在裡面合姑娘閑談只見人回請的風水端木二爺來了原

來這風水從姓端木名漢表字仲輿他家世代相傳專門精通周易河洛地理安老爺家這塊墳地就是他乃翁在日看定的他合安府上也算個世交稱安老爺作世叔因此安老爺請他來給何協戎夫婦點穴就定規安葬日子老爺有心叫姑娘聽個底細便把那風水請到棚裡靠前隱一張桌兒邊坐下姑娘盼得風水來了也正要聽他定在幾時只聽一時請了進來那風水合安老爺講禮已畢便問說世叔幾時到京竟不曉得更不知府上有事怎的也不見賜一信安老爺道並非舍間的事都是位至契好友因他家現無男丁所以就在荒塋代他料理並且就要

在這塋地的東首擇地安葬就請看一看定個葬期愈早愈好那風水先説道無論怎樣早今年是斷不能的了寶塋便是家君定的記得這山向是子午兼三的正向今年三煞在南如何動得安老爺道世兄你是曉得我向來不解青烏之術如果無大妨礙我這個好友既然百歲歸居還以早葬爲是那風水道這却不好遷就等小姪見過去安了盤子拉了中線看了再定規罷安老爺因爲自己是個父輩相交便叫公子陪過去説聲恕不奉陪了便在棚裡坐候姑娘這個當兒聽着今年下不得葬先就有些不願意了默默的坐着良久良久纔聽得那個風水過來進

門就說道方纔看了看東首這塊地東西辛甲分金上倒是上好上好的一個結穴此處安葬按那龍脈正自震方而來定主宗祧延綿只是一山無二向本年不惟三煞有礙而且大將軍正在明堂安葬是斷斷不可的明年正二三月木氣正旺於東這塊地正是主坐的青龍方更不好動四五六月月建都吉只巳午兩個字又正合太世叔嬸母們化命亥子一沖六月建未明年太歲在未書云一物一太極物物一太極雖說月支與年支無礙究竟不可不避七八兩月恰恰的與現在的化命逢着穿害九月上半月不得安葬吉日下半月一交土王用事禁土了只有明

年十月最好安葬吉期上下半月都容易選擇到那時聽憑世叔吩咐再定就是了安老爺一聽自巳心裡先道這算得無巧不成書了要不這樣怎麽耗的過姑娘滿一年的服呢要不耗到他滿服我們家怎麽娶他呢當下心中大喜卻故意的儘了那風水幾句風水道世叔是最高明不過的這塊地當日便是家嚴效的勞小姪怎敢另生他議況且陰陽怕懵懂這句話不說破也就罷了小姪既看出來萬萬不敢相欺此中絲毫不可遷就說着提起筆來便把這話寫了一篇又寒暄了幾句領茶而去這番話姑娘在屋裡聽了個逼清算省了安老爺的唇舌了安老爺

送那風水走後便手裡拿着那篇子東西一步步踱了進來向姑娘道姑娘聽明白不曾偏又有許多講究這怎麽樣呢姑娘也無心看那篇子東西只望了舅太太發怔却不知這舅太太實在覺得姑娘知疼着熱的一位乾娘無奈他又作了安府上傳消遞息的一個細作自從他合姑娘認了母女之後在船上那幾天安太太早把這事告訴了他個徹底澄清難道把他極愛的一個乾女兒給他最疼的一個外甥兒他還有甚麽不願意的不成他見姑娘望着他發怔可就搭上岔兒了他說道我這裡倒有個主意姑老爺姑太太聽聽使得使不得你們方纔講的那些

甚麼子午卯酉我可全不懂要說忙着安葬果然於太爺老太太墳上有甚麼妨礙無論我們姑娘此時心裡怎樣着急他也斷不肯忙在一時講到他要住廟原不過為近着他父母的墳哪如今既安不得葬在這裡住着守着棺材不比墳更近嗎再講這個地方兒內裡就是我們娘兒們上下幾個人外頭就止張親家老爺合看墳的又合廟裡差甚麼呢莫若我們只管在這裡住着姑老爺一面在外頭上緊的給我們找廟一天找不着我們在這裡住一天一年找不着我們在這裡住一年要趕到人家滿了孝姑老爺這廟還找不出來那個就對不起人家孩子了姑

老爺姑太太要怕我住長了費了你家的老米慢講我一個人兒連我們姑娘合張親家我那點兒絕戶家產供給個十年八年還巴結的起他說着便望着姑娘道是不是姑娘回頭又向着安老爺夫妻道你們二位想着怎麼樣罷安老爺忙說如果有一年的工夫縱然找不出廟來我蓋也給他蓋一座了至於姐姐在這裡住着也是替我們分心招護姑娘些須小費何須掛齒我自有道理安太太也說要能這樣一動不如一靜倒也罷了可不知姑娘心裡怎樣姑娘還未及開言張太太的話也來了說這麼着好哇可是我們親家太太說的一個甚麼一秤不抵一秤

的你看在這地方兒住下等開了春兒滿地的髙糧穀子蟈蟈兒螞蚱坐在那樹陰兒底下看個青兒纔是怪好兒的呢說的大家大笑連張姑娘也忍不住笑的扶着桌子亂顫玉鳳姑娘此時被大家你一句我一句說的心裡亂舞鶯花笑也顧不及了細想了想這事不但無法而且有理料是一不扭衆只得點頭依允說也只好如此安老爺滿心歡喜心裡暗道天哪可彀了我的了只他這五個字這事我便有了五分拿手話休絮煩轉眼之間到了七日封靈何玉鳳合舅太太便搬在西廂房裡間張太太帶了戴嬤嬤合兩個丫頭便住在外間隨緣兒媳婦舅太太的

下人住了東廂房安太太又在下房裡給姑娘安了個小廚房外面自有張老同戴勤宋官兒合安家看墳的照料內外住了個嚴密又把安家陽宅暫作了個何姑禪院這都是那燕北閒人的無中生有的營生便有這位安水心先生給他過規拆矩的辦理却說七日之後安老爺夫妻把那邊安頓妥貼纔得回家料理自已的家務便有許多親友本家都來拜望老爺一一的款待却扶了一個小僮只推因腿疾告歸暫且不及答拜一面又遣公子進城持帖謝步公子也有一班世交相好少年請酒接風接連不止忙了一日纔得消停老爺得些閒空便先打發了鄧九

公的來人又給他父女帶去些人事把何姑娘那張彈弓仍交給媳婦屋裡懸掛又叫太太向何姑娘衣箱裡把公子那塊硯台尋出來擦洗乾淨嚴密收藏就把姑娘合張太太的衣箱差人送過去那頭烏雲蓋雪的驢兒便交給華忠叫他好生喂養說這是我將來無事玩水遊山的一個好脚力那時不空和尚的二千頭借款早已歸清老爺通盤算了一算此行不曾要得地方一文倒有公子帶去的八千金烏克齋贈的萬金連沿途在家門生故舊的義助不下兩萬餘金除了陪項盤纏還賸萬餘金在家辦何姑娘這椿事無論怎樣鋪排也用不了便合太太商議道

何姑娘這樁事你我費了無限精神纔得畧有眉目我算着將來辦起事來也不過收拾房子添補頭面衣服辦理嫁妝彩轎預備酒席這幾件事房子我已有了辦法太太道還要房子作甚麼那邊儘辦開了趕到過來難道不叫他三口兒一處住嗎老爺道豈有不叫他們一處之理自然兩個人就在他那屋裡分東西間住你只想張姑娘過門的時候租個公館還要勻在兩處成個一婚一媾如今自然也得給他安起個家來至於他說的那座廟我倒底要我還給他纔圓得上那句話這事須得如此如此辦法纔免得他夜長夢多又生枝葉太太聽了大喜說既這樣

那衣服頭面更容易了我本說到了京給張姑娘添補些簪環衣飾只算是給他弄的再説還有老太太的許多顏色衣服他舅母前日也提他那裡還有些頭面句着使所添也有限了到了轎子一切臨期好說的倒是這句話得合偺們這個媳婦先說一聲纔是這是他們屋裡百年相偎的事老爺道太太這話狠是說着便把媳婦叫來把這話從褚大娘子提親起以至現在的計較日後的辦法告訴了他一遍只見他聽完這話便跪下先給公婆磕了兩個頭起來說道如果這樣不是公婆疼玉鳳姐姐竟是公婆疼我公婆謂想玉鳳姐姐救了我兩家性命在公婆現

在這番情義已就算報過他來了只是媳婦合我父母今生感的答報至於他給媳婦聯姻這椿事且莫講投着這樣的公婆配着這樣的夫婿就他當日那番用心也實在令人可感所以媳婦時刻想着要打斷了他這段住廟的念頭無論怎樣也要照他當日成全媳婦的那番用心給他作成這椿好事只是回家來不曾消停得一日不好冒冒失失的告禀公婆如今公婆商量的這等妥當嚴密眞是意想不到便是玉鳳姐姐難得說話俗語說的鐵打房樑磨繡針功到自然成眼前還有大半年的光景再說還有舅母在那邊大約也沒個磨不成的這其間却有一關

頗頗的難過倒得設個法子纔好者爺太太忙問除這位姑娘的難說話還有甚麼難處張姑娘低聲笑道媳婦所說難過的這關便是我家玉郎公婆再想不到拿着我玉鳳姐姐那樣一個窈窕淑女玉郎他竟不肯君子好逑老爺道這是為何張姑娘回道據媳婦看着一來是感他的恩義見公婆尚且這等重他自己便不敢有一毫簡褻却是番體父母的心二則他合媳婦雖是過的未久彼此相敬如賓聽他那口氣大約今生別無苟且妄想又是番重倫常的心總之是個自愛的心也搭着他實在有點兒怕人家有一天媳婦偶然慪了他一句就惹得他講了一篇

大道理數落了媳婦一場張姑娘這話還没說完老爺道你理他呢等我吩咐他太太道老爺看不得偺們那個孩子可有這種牛心的地方兒張姑娘便接着回道媳婦也正爲此是說父母之命他不敢不從設或他一時固執起來也合公公背上一套聖經賢傳倒不好處莫若容媳婦設個法兒先澈底澄清把他說個心肯意肯不叫這樁事有一絲牽强也不枉了公婆這片慈恩媳婦這番答報那時仗孫九公的作合成就玉鳳姐姐這段良緣豈不是好安老爺夫妻聽了心下大喜同聲說好安老爺便點頭贊道難得難得賢哉媳婦這要遇見個糊塗庸鄙的女流只

怕這番話說不成我倆位老人家還要碰你個老大的釘子呢因合太太說道既然如此你我兩個便學個不痴不聾的阿姑阿翁好讓他三人得親順親去爲人爲子此事不必再提當下爺兒三個計議已定便分頭各人幹各人的事安老爺又明明白白親自寫了一封請媒的信預先通知鄧九公話休煩瑣卻說張金鳳過了些天到了臨近見公婆諸事安排已有就緒纔打算把這樁事告訴明白公子又想到若就是這等老老實實的合他說一定又招他一套四方話思索良久得了主意不覺喜上眉稍恰好這日安公子到他進學的老師莫友士先生那裡拜壽原

來這莫友士先生在南書房行走便在海淀翰林花園住因此這日公子回家尚早到家見過父母便回到自已屋裡來張姑娘見他面帶春色像飲了兩杯站起身來不則一聲依然垂頭坐下便有華嬤嬤帶了僕婦丫鬟上來服侍公子忙忙的換了衣裳坐定一看只見張姑娘兩隻眼睛揉得紅紅兒的滿臉怒容坐在那裡心裡詫異道我往日歸來他總是悅色和容有說有笑從不像今日這般光景這却為何不禁搭赸着問了一句說我今日一天不在家你在家裡作甚麼來着他道問我麼我在家裡作夢公子道好端端大清白日怎麼作起夢來夢見甚麼可是夢

見我他道倒被你一句就猜着了正是夢見你我夢見你娶了何玉鳳姑娘却瞞得我好公子道喲喲這就無怪其然你把個小臉兒綳的單皮鼓也似的了原來爲這樁事我勸你快快不必動這閑氣這是夢他道我從不會這麽胡夢顛倒想是你心裡有這個念頭我夢裡纔有這椿奇事論這樁事我也會合你說過還不曾說得三句倒惹得你道學先生講四書似的合我叨叨了那麽一大篇子我這個傻心腸兒的就信以爲真了怎麽今日之下你自己忽然起了這個念頭倒苦苦的瞞起我來說着似笑非笑對了公子歔歔的瞅着公子見他波臉如嬌花含笑倩語

如好鳥弄睛不禁也笑嘻嘻的道你又來寃枉人了你我從患難中作合良緣名分叫作夫妻情分過於兄妹毛詩有云甘與子同夢我就作個夢兒也要與你合意同心無論何事豈有瞞你的道理他說罷了罷了我可不信你這假惺惺兒了就止嘴裡說的好聽只怕見了姐姐就忘了妹妹了有了恩愛夫妻也不顧患難夫妻了公子道你這話那裡說起他道那裡說起就從昨日夜裡說起你如果沒這心事昨夜怎麼好端端的說夢話會叫起人家來了眞個的這麼大人咧還賴說是魘婆婆叫的不成張姑娘這句話公子到有些自已猶疑何也呢一個人要是吃多

了咬牙放屁說夢話這三樁事可保不齊沒有還帶着自己眞會連影兒不知道他便心想或者偶然睡裡糢糢糊糊夢見當日能仁寺的情由叫出口來也定不得便連忙問了一句說我叫誰來着張姑娘道你叫的是何姑娘叫的還是我那有情有義的十三妹姐姐呢公子當着一屋子的丫鬟僕婦滿臉不好意思搖着頭道荒唐荒唐你奚落我也罷了那何玉鳳姐姐待你也算不薄怎生的這等輕薄起他來張姑娘道你夢裡輕薄他使得我說一聲兒就錯了要你護在頭裡倒是我荒唐了公子道益發荒唐之至此所謂既荒且唐荒乎其唐無一而不荒唐者也說

到這裡恰好了鼓點上燈來放在炕桌兒上張金鳳姑娘便一隻胳膊斜靠着桌兒臉近了燈前笑道你果然愛他我卻也發仙況且這句話我也說過莫若前個把他娶過來罷你說好不好公子道可了不得了這個人今日大槩是多飲了幾杯有些醉了他道我倒是在這裡醒眼觀醉眼只怕你倒有些酒不醉人人自醉那句的下句只能公子聽了這話心下有些不悅說道豈有此理你我向來相憐相愛相敬如賓就說閨房之中甚於畫眉也要有個分寸怎生這等的亂談起來況且那何玉鳳姐姐救了你我倆人性命便是救了你我父母的性命父母尚且把他作

珍寶般愛惜天人般敬重又何況人家現在立志出家他也是爲他的父母起見無論你這等作踐他大傷忠厚這話儻被父母聽見管取大大的教訓一塲我看你那時顏面何在張姑娘道你們作事瞞得我風雨不透我好意體貼你怎麼倒體貼的不耐煩了呢況且你知道他是立志出家我只知道他家字這邊兒還得加上個女字旁兒是立志出嫁也沒甚麼作踐他的去處呀公子道你不要真是在這裡作夢呢罷不然那裡來無影無形的這些夢話張姑娘含着笑繃着眉把兩隻小脚兒點的脚踏兒哆哆哆的亂响說聽聽你把媒人都求下了怎麼還瞞我倒說

我是無影無形的夢話呢公子見他這樣子說的竟不像頑話忙正色道媒人是誰我怎麽求的張姑娘道媒人是舅母初一那一天舅母過來拜佛你瞞了我求的舅母有這事沒有公子聽了不禁哈哈大笑道我說是夢話不想果是夢話那日舅母過來我閑話裡提起玉鳳姐姐舅母說我這個乾女兒都好就只總忘不了他那進廟的念頭我便說男大須婚女大須嫁這是人生大禮那男子無端的棄了五倫去當和尚本就非聖賢的道理何況女子拿他這等一個人果然出了家佛門中未必添一個護法的大菩薩人世上倒短一個持家的好媳婦舅母既這等疼

他何不勸他歇了這個念頭再合父母商量商量給他說一個修德人家讀書種子倒是場大功德張姑娘不容他說完便道如何如何我說我聽見的這話斷不是無因我只請教他佛門中添個大菩薩不添個大菩薩與你何干人世上短一個好媳婦不短個好媳婦又與你何干你說的那修得之家難道咱們家還算不得個德門豈不是暗指咱們家嗎你說的那讀書種子難道你還算不得個念書的豈不是意在你自已嗎況且好端端舅母並不曾合你提起他來你又去問他作甚麼替他求那些人情作甚麼你倒說說我聽公子被他問的張口結舌面紅過耳坐

在那裡只管發怔怔了半晌忽然的省悟過來說道哦是了我這纔明白了這一定是那天我合舅母說話的時候不知那個了頭女人們在跟前聽見沒們在大奶奶跟前唆勸兒了來搬弄這場是非你我好家居此風斷不可長等我明日查出來一定回明母親將那人重重責罰一頓板子便是你此後也切切不可受這班小人的愚弄張姑娘道好沒意思你我屋裡說頑兒話怎麽驚動起老人家來了你且莫着惱也不用着這等發急偺們好商量假如我此刻便求了父母把他娶過來你要不要公子只是腹內尋思那傳話人是誰默默不答張姑娘又問到底要不

要說話呀公子道你今日怎麼這等頑皮憊賴起來我不要張姑娘道你爲甚麼不要說個道理出來我聽聽公子道你問道理我就還你個道理且無論我受了何玉鳳姐姐那等大恩不可生此妄想便是我家祖訓非年過五十無子尚且不得納妾何況這停妻再娶的勾當我安龍媒也還粗粗的讀過幾行聖賢經書也還頗頗的受過幾句父母教訓如何肯作便算我年輕把持不定父母也斷斷不肯你不要看你我作合的時節父親那等寬容事有經權不可執一而論惹老人家煩惱就講到你我也難得浩刼之中成就這段美滿姻緣便是厮守百年也不過電光

石火怎說道再添個人來分了你我的恩愛你道我說的
可是天理人情的實話張姑娘道暖喲又招了你這麼一
車書你不要就罷等娶了來我留下公子冷笑道你要他
何用張姑娘道你莫管我把他就當個活長生祿位牌兒
供着我天天兒合他一同侍奉公婆同起同臥同說同笑
就只不准你親近他你瞞得我好我也瞞得你好那時候
我看你生氣不生氣公子越聽這話越加可疑便道究竟
不知誰無端的造我這番黑白其中一定還有些無根之
談這事却不是當耍的張姑娘道要得人不知除非已莫
爲有憑有據怎麼說是無根之談呢公子道不信你竟有

甚麼憑據拿個憑據來我看張姑娘聽了不則一聲站起身來走到外間便向大櫃裡取出個大長的錦匣兒來向他懷裡一送說請看公子打開一看却是簇新新的一分龍鳳庚帖從那帖套裡抽出來從頭至尾看了一遍原來自已同何玉鳳的姓氏年歲生辰并那嫁娶的吉日都開在上面不覺十分詫異說道這這這是怎的一樁事我莫不是在此作夢張姑娘道我原說作夢你只不信如今是夢非夢連我也不得明白了等你夢中叫的那個有情有義的玉鳳姐姐來了你問他一聲兒看公子只急得抓耳撓腮悶了半日忽然的跳下炕來對着張金鳳深深打了一

躬說道今日舅被你把我帶進八卦陣九疑山去我再惇轉不明白了倒是求你快說明白了罷張姑娘不覺嫣然一笑說道也奈何得你夠了你且坐下聽我慢慢的講這纔把這樁事從頭至尾并其中的委宛周折詳細向他告訴了一遍公子一想既是父母之命又是媒妁之言況又有舅母從中成全賢妻這般作合還有甚麼不肯的去處便樂得他無話可說只望着張姑娘呵呵的傻笑張姑娘料他再無別說了便問他道如今我倒要請教到底是要你呢還是不要他呢公子笑道他果然既來之則安之我也只得因居之安則資之深資之深則取之左右逢其緣

了依然逃不出我這幾句聖經賢傳張金鳳聽了倒羞得兩頰微紅不覺的輕輕啐了他一口便作了這回書的結扣這正是牽牛暗被天孫笑別向銀河渡鵲橋要知那何玉鳳究竟是出家可是出嫁下回書交代

兒女英雄傳評話第二十三回終

兒女英雄傳評話第二十四回

認瀟園幻境拜親祠　破冰斧正言彈月老

這書一路交代得清楚，雕弓寶硯無端的自分而合，又自合而分，無端的弓就硯來，又硯隨弓去，好容易物雖暫聚，倘在人未雙圓，偏偏一個坐懷不亂的安龍媒，苦要從聖經賢傳作工夫，一個立志修行的何玉鳳，又要向古寺青燈尋活計，這也不知是那燕北閒人無端弄筆，也不知果是天公造物有意弄人，上回書費了無限的周折，纔把安龍媒一邊安頓妥貼，這回書倒轉來便要講到何玉鳳，那一邊却說何玉鳳自從守着他父母的靈在安家墳園住下有他的義娘佟舅太太合他乳母陪伴一應粗重事兒又有張太太料理更有許多婢子婆兒服侍跟隨倒也頗不冷落又得安太太婆媳時常過來閑談此外除了張老在外照料門戶只有安老爺偶然過來應酬一番等閑也沒個外人到此眞倒成了個禪關掩落葉佛座繞寒燈的淸淨門庭姑娘兒住下來彼此相安便不好只管去問那我聞的消息只是他天生的那好動不好靜的性兒仗着後天的這片心怎生扭得過先天的那個性兒去起初何甞不也弄了個香爐焚上爐好香坐在那裡收視返聽的想要坐成個十年面壁怎禁得心裡並不會有一毫私心

妄念不知此中怎的便如萬馬奔馳一般早跳下炕來了舅太太兒他這個樣兒又是心疼又是好笑那時手裡正給他作着認乾女兒的那雙鞋便叫他跟在一旁不是給燒燒烙鐵便是替刮刮漿子混着他都算一椿事實在没法兒了便放下活計同了張太太帶上兩個婆子丫鬟同他從陽宅的角門出去走走望望回來又掉着樣兒弄兩樣可吃的家常菜他吃也叫他跟着抓撓到晚來便講些老話兒說些古記兒引得他困了好睡睡不着一會給他抓抓又給他拍拍那麼大個兒了有時候還攬在懷裡罷不着睡那舅太太也没些兒不耐煩那消幾日把姑娘的

臉面兒保養得有紅似白光滑飽滿心窩兒體貼得無憂無慮舒暢安和人都道是舅太太憐恤孤女的一片心腸我只道這正是上天報復孝女的一番因果列公你只看他這點遭際我覺得比入閣登壇金閨紫誥還勝幾分你道這話怎麼講人生在世有如電光石火講到立德立言立功豈不是椿不朽的事業但是也得你有那福命去消受那不朽沒那福命但生一分妄想心定遭一番拂意事便是有那福命計算起來也吾生有限浩刼無涯倒莫如隨遇而安不貪利不圖名不非爲不作孽不失自來的性情領些現在的機緣倒也是個神仙境界話裏引話說書

的忽然想起一個笑話來曾聞有個人在生德行浩大功業無邊一朝數盡投到閻王殿前閻王便叫判官查他的善惡簿那判官禀道此人善簿堆積如山惡簿並無一字閻王只把他那善簿的事由看了一看說道這人功德非凡我這裡不敢發落只好報知值日功曹啟奏天庭請玉帝定奪少時值日功曹把他帶上天庭奏知玉帝玉帝天眼一看果然便向那人道似你這等的功行便是我這裡也無天際可引只好破格施恩還你自己願意怎樣我叫你稱心如意便了那人謝過玉帝低頭想了一想說道不願爲官不願參禪不願修仙但願父作公卿子狀元給我

拚下萬與莊田萬貫金錢買些秘書古畫奇珍雅玩合那佳肴美酒罷設在名園儘着我同我的嬌妻美妾呼兒喚女笑燈前不談民生國計不談人情物理不談柴米油鹽只談些無盡無休的夢中夢何思何慮的天外天所談到地老天荒一十二萬九千六百年那時再逢開闢依然還我這麼好家山玉帝遲疑道論你的善緣這却也不算妄想只恐世界裡沒這樣人家他道世界之大何所不有一定有的玉帝聽了大喜立刻抽身離座轉下來向他打了一躬說道我一向只打量沒這等人家你既知道一定有的好極了請問這人家在那裡就請你在天上作昊天上

帝議我下界托生去據這笑話聽起來照這樣的遭際玉帝尚且求之不得那何玉鳳現在所處的豈不算個人生樂境那知天佑善人所成全他的還不止此此是後話暫且休提且說那舅太太只合姑娘這等消磨歲月轉瞬之間早度過殘歲又到新年舅太太年前忙忙的同家走了一盪料理畢了年事便趕回來姑娘因在制中不過年節安老爺安太太也給他送了許多的吃食菓品糖食之類舅太太便同張太太帶了丫鬟僕婦哄他抹骨牌擲骰勝圖搶狀元籌再加上包煮餑餑作年菜也不會得個消閒安老爺那邊公子已經成人又添了一個張金鳳帶了兒

雄度歲自然另有一番更新氣象無非熱鬧喧闐一時也不及細寫過了元旦舅太太合張老夫妻分投過去拜年安老爺合家也來回拜并看姑娘匆匆的忙過正月到了仲春候晝初長一日安太太閑中無事合媳婦張姑娘過來坐下談了一會只見外面家人抬進兩個箱子來舅太太道這是作甚麼呀年也過了節也過了又給我們娘兒們送禮來了不成安太太笑道倒不是送禮我今日是扨指你娘兒們來了因指張金鳳說道我們親家太太是知道的我娶這房媳婦的時候正在淮安那時候忙忙碌碌的將就完了事也不曾好生給他打幾件首飾做幾件

衣裳如今到了家這幾日天也長了我纔打點出來大衣裳呢都交給裁縫做去了幾件裡衣兒合些鞋腳不好交出去我那裡是一天不斷的事我想着舅母合我們親家大長的天也是白閑着幫幫我又解了悶兒張太太見張羅他女兒有個不願意的忙說使的舅太太道姑太太你等着偺們商量商量你們兩親家一個疼媳婦兒一個疼女孩兒罷了我放着我的女孩兒不會紮裹我替你們白出的是甚麼苦力呀你們給我多少工錢哪玉鳳姑娘此時承安老爺安太太這番相待心中自是不安巴不得借椿事兒補報一分纔好聽舅太太如此說便道娘不要這

麽說偺們也是天天兒白閒着都是家裡的事怎麽合人家要起工錢來了你老人家要怕累的慌我幫着你老人家張羅橫豎這會子縫個縫兒蹺個帶子釘個紐襻兒的我也弄上來了說着又向安太太道大娘只管留下罷我娘不應我替他老人家應了安太太連說狠好張金鳳便過來給他道了個萬福說我的事情倒勞動起姐姐來了我先給姐姐道謝等完了事再一總給舅母磕頭罷玉鳳姑娘笑道偺們兩個誰是誰你還合我說這些舅太太看了纔笑着說道也罷了看着我的外甥媳婦分上幫幫姑太太罷便叫人把箱子打開一件件的收拾姑娘也幫着

歸着他只顧一團高興手口不停夢也夢不到自己張羅的就是自己的嫁妝從第二日起他便催着舅太太動手舅太太便打點了一件件的分給那些僕婦了鬟作起來自己合張太太也親動手姑娘看看這裡又幫幫那裡無事忙覺得這日子倒好過一日正遇着陰天要時傾盆價下起大雨來舅太太道瞧這雨下得天漆黑的偺們今日趁天工弄點甚麼吃過陰天兒罷張太太道我過偺陰天兒哪你說我把這雙底子給姑娘納完了他罷說着話手裡一帶那蔴繩子把個針拉脫落下來了他對着門兒覷着眼睛紉了半日也沒紉上便央及花鈴兒說好孩子你

給我紉紉你看我這眼可要不的了姑娘看見一把手搶過來道拿來咱紉個針也值得這麼累贅說着果然兩手一逗就紉好了丟給張太太回身就走說我幫我娘作菜去了將走得兩步張太太這裡嚷起來了說姑娘你回來我那麼老長的個大針你紉了紉咱的給我剩了半截子了那半截子那去咧姑娘聽了也覺詫異合花鈴兒四處一找花鈴兒彎腰向地下揀起來道這不是這半截兒在地下呢原來姑娘紉的忙了手指頭肚兒上些微使了點兒勁就把個大針撅兩截兒了自已看了也不覺大笑瑣事休提却說安老爺安頓下了姑娘這邊得了工夫便一

面擇定日子先給何老夫妻墳上砌墻栽樹一面又暗地裡給姑娘倆擡他要找的那廟宇那時已接着鄧九公的回信說臨期準於某日動身約在某日可以到京張金鳳閑中又把這事已向公子說明始末原由的話回復了公婆老夫妻聽了自是歡喜向公子不免有一番的勉勵教導公子此時是前度劉郎今又來也用不着那樣害臊惟有恪遵親命靜候吉期而已光陰似箭日月如梭只這等忙着吃了糉子又吃月餅轉眼之間看看重陽節近就要吃花糕了安老爺見諸事大有頭緒纔略略放心便合太太商量要過去向何玉鳳姑娘開談說個明白列公此時

自然要聽聽安老夫妻見了何玉鳳姑娘這話究竟從何談起且請消停這話非一時三言五語可盡如今等說書的先把安家這所莊園交代一番等何玉鳳過來諸公聽着方不至辨不清門庭分不出路逕原來他家這所莊園本是三所自西山迤邐而來儘西一所是個極大的院落只有幾處竹籬茅舍菜圃稻田從牆外引進水來灌那稻田菜蔬是他家太翁手創的一個閒話桑蘇之所往東一所是個園亭樣子竹樹泉石之間也有幾處座落大勢就如廣渠門外的十里河西直門外的白石山莊一般不到得像小說部中說的那樣畫落天宮神先洞府的夢境夢

話這兩所自安太爺去世安老爺因家事中落人口無多便典與一個一般在旗的捐班候選道員史觀察居住再往東一所便是安老爺現在的住宅他這所住宅門前遠遠的對着一座山峰東南上有從滹沱桑乾下來的一股來源流向西北灌入園中有無數的杉榆槐柳映帶清溪進了大門順着一路群房北面一帶粉墻正中一座甬瓦隨墻門樓四扇屏風進去一個院落因西邊園裡有個大花廳當日這邊便不會蓋廳房只一溜七間腰房左右兩間各有便門中間穿堂東兩間為安老爺靜坐之所西兩間便是安老爺合那些學生門生講學的絳帳院中向西

門裡另有個客座向東門裡給公子作了學房過了腰房穿堂一座垂花二門進去抄手遊廊五間正房便是安老爺夫妻的內室從遊廊往東院裡安公子合張姑娘住舅太太來時便在西院一樣的那一所居住上房後層正中佛堂其餘房間作爲閒房以及堆東西合僕婦丫鬟們退居佛堂後面一座土石相間的大土山界了內外另有一個小角門兒鎖着不開是他家內眷到家祠去的路遶山後一道長街東頭有個向東的大柵欄門便是這莊園的後門對着那座大山便是他家太翁的祠堂左右羣房都有成窩兒的家人住着從後門順着東邊界墻向南有個

前追出那一路出去便是馬圈廚房再出了東首的腰墻門便到大門了這便是他家這座莊園的方向交代明白

書中再表安老爺當日在青雲山訪着了何玉鳳便要護送他扶了他母親的靈柩重回故里與他父親合葬不想姑娘另有一段心事當下便合安老爺說了約法三章講明到京葬了父母許他找座廟宇廬墓終身纔肯一同上路安老爺看透他的心事只得且順着他的性兒合他還水爲誓一路到京盤算如果依他這句話不但一個世族千金使他寄身空門不成件事我的所謂報師門者安在所謂報他者又安在呢便說眼前有舅太太親家太太以

及他的乳母丫鬟伴他日後終究如何是個了局待說不依他這句話罷慢講他那性兒不肯干休又何以全他那片孺慕孝心圓我那句千金一諾何況成鄧九公褚大娘子的一番美意還要把他合公子聯就姻緣如今我先失了這句信任是鄧九公怎樣的年高有德褚大娘子怎樣的能說會道這事益發無望了老爺這節為難沒日沒夜的擱在心裡展轉尋思也非止一日纔想了個兩全的辦法密密合衆人議妥便在緊靠他太翁祠堂兩旁拆去羣房照樣蓋起兩所小四合房來東首一所便給何玉鳳作了家廟算給姑娘安了分家西首一所作為張老夫妻的

住房便算他兩個日後百歲歸居的[illegible]土[illegible]日後[illegible]完工鋪設齊全老夫妻看過見一切位置的妥當心中大喜恰好這日舅太太那裡的活計也作得了叫戴嬷嬷連箱子送過來太太便合老爺說明要趁個機緣過去因叫戴嬷嬷回去致意說我少停親自過來道乏打發戴嬷走後安太太便帶了張金鳳先行到了那邊見了姑娘事故了幾句作爲無事只合舅太太親家太太說些閑話又提到姑娘滿服快了得給他張羅衣飾舅太太道不勞費心我女孩兒的事我自已早都弄妥當了臨期横豎悞不了姑娘聽了心裡一想果然這日子近了我覺甚麼簪子衣

裟都是小事倒是我這廟怎麼越發不聽得提起了難道父母下了葬我還在這裡住不成纔待合安太太說話只見安老爺帶了一個小僮跟了進來彼此見過老爺坐下便望着姑娘說道姑娘大喜何玉鳳倒是一驚說伯父這話何來我還有甚麼喜事安老爺道你說的那廟我竟給你找妥當了姑娘這纔轉驚爲喜忙問在甚麼地方離我父母的葬地有多遠安老爺道我一共找了三處就中兩處我先有些不中意特來合你商量一處離此地有一里來地還不算遠廟中止有一個老尼閒房倒也有幾間却是附近的那些作長短工的以至串鄉村小買賣人包租

的你原爲個清淨這處要想清淨却是不能姑娘道這處敢是不妥安老爺道那一處大約更不合你的式了第一離這裡過遠座落在城裡叫作甚麼汪芝蔴胡同也不知是賀芝蔴胡同當日那廟裡的老姑子原是個在嫁出家他的丈夫時常還到廟裡來往如今那老姑子死了他這個徒弟因交游甚廣認得的王孫公子極多廟裡要請一位知客代書並且說帶髮修行的都使得他廟裡一年兩季善會知客是要出來讓茶送酒應酬施主的姑娘你想這如何是咱們這樣人家去得的何況於你姑娘道不必講這更不妥了還有一處呢老爺道那一處却又更近

了又怕姑娘你不肯這座廟就在我家姑娘笑道伯父家裡怎麽有起廟來安老爺道姑娘你郤不知我家這所莊園後牆郤是一座土石相間的大山山後隔着一道長街纔是園墻那山以外墻以內本有我家一座家廟如今我就要在靠着我那家廟給你暫且收什出一個清淨地方來便是你伯母合你張家妹子來着也近便我們舅太太合親家太太更可以合你常久同居離你父母的墳上更是不遠你道這處如何姑娘聽了一想這不鬧來鬧去還是鬧到他家去了嗎正在猶疑只聽他乾娘問道姑老爺說的這是那裡呀不是挨着戴嬷嬷他家住的那一小所

兒阿安老爺道可不就是那裡舅太太道姑娘不用猶疑了聽我告訴你他家是前後兩個大門裡邊不過方纔說的這個地方兒正在他家後門裡頭那房子另有個外層門還有層二門沒那麼個清淨地方兒了除了正房供佛其餘的屋子由着偺們愛住那裡住那裡離你父母的墳比這裡遠不了多少況且門外週圍都是成窩兒的家人又緊近着你嬤嬤的住房比這裡還嚴謹呢就這麼定規了罷姑娘見他奶奶說得這般合式便說道旣這樣就遵伯父的話能等我過去再謝伯父伯母安太太道甚麼謝不謝的要是果然這樣定規了好趁早兒收拾起來安老

爺笑道正是姑娘卻不可叫我白花錢姑娘也笑道二位老人家你兒我那句話說定了改過口但是我得幾時搬過去安老爺道這倒不忙在一時了算計着姑娘你是二十八滿服恰好就是這天安葬這個月小建索性等過了初一圓墳十月初二日正是個陰陽不將三合吉日你就這天過去當下說定安老夫妻又問話了幾句回家安老爺安太太便在這邊暗暗的排兵佈陣舅太太便在那邊密密的引線穿針書中有話即長無話即短看看到了何老夫妻安葬之期事前也作了兩日好事到了那日何玉鳳便奉了父母雙雙合葬姑娘自然有一番悲痛并那怎

的掩埋澆奠焚獻營修俱不必細述姑娘脫孝同來舅太太便催着他洗頭洗浴姑娘只說我這頭天天兒爹娘沒照見我換了衣裳纔幾天兒都不用了舅太太道姑娘甚麼話這安佛可得潔淨些兒再說也去去這一年的不吉祥姑娘只得依着舅太太又把給姑娘打的簪子作的衣服拿出來一一試妥當了到了圓墳這日安太太合媳婦也一早過來幫着料理一切歸着完畢正談明日的事忽見晉升匆匆的跑過來回道舅太太太家打發車接來了說請舅太太立刻回去舅太太滿臉驚慌道甚麼事呀晉升回道奴才問過來人他說不知道甚麼事只說那兩房的

爺們說的務必求舅太太今日回去纔好安太太也慌了說到底是怎麽了舅太太道大也不過那幾個姪兒們不安靜家裡沒個正經人兒我倒得走一遭只是偏碰在今日那裡這麽巧事呢姑娘先說道娘有事只管去罷這裡的事都妥當了況且還有伯母媽媽在這裡難道還丢的了我不成安太太道說的也是今晚我留你妹子在這裡陪着你罷舅太太正在覺得去住兩難見如此說便說也罷我且去明日早晚必趕回來說着忙忙的換了兩件衣服又包了個包袱催齊了車忙忙的去了這裡安太太走後便留下張金鳳給姑娘作伴吃過飯後點上燈來二人

因明日起早便也就寢一宿無話却說安太太次日纔交
五鼓早坐了車燈燭輝煌的來請姑娘進廟恰好姑娘梳
洗完畢安太太便催他吃些東西穿好衣服一面叫跟的
人先過那邊去伺候又留人在這邊照看東西自己便同
姑娘出去上了車張太太母女隨後也上了車出了陽宅
大門一路奔那座莊園後門而來姑娘在車裡借着燈光
看那座門時原來是座極寬大的車門那車一直拉進門
去門裡兩旁也有幾家人家家家牕戶裡都透着燈光却
是各各的閉着門戶走了不遠便望見莊園那座大土山
對面正北果然有他家一座家廟不曾到得跟前東首便

是一座小廟的樣子車到門前站住安太太說到了姑娘隔着車玻璃一看只見那座小廟一溜約莫是五間中間廟門却不是山門樣子起着個鞍子脊的門樓兒好像個禪院光景門前燈籠照的如同白晝拿車的小廝們卸了車車夫便把騾子拉開安太太合姑娘下來等張太太母女到齊便讓姑娘先走姑娘笑道到了這裡可沒我先走的禮了正讓着安老爺同了張親家從二門裡迎出來說姑娘不用讓了隨着我先到各處瞧瞧等到屋裡再讓說着自己便在前引道前頭兩個小廝打了一對漆紗風燈又是兩個女人拿着手把燈照着姑娘只得扶了人隨着

安老爺穿過那座大門兩旁一看都隔着一溜板院那板院裡也透着燈光都像有人在裡面再向前走對着大門便是一座小小的門樓迎門曲尺板墻上四扇碧綠的屏風上面貼着鮮紅的四個斗方上寫着登歡喜地四個大字正中屏風不開西首隔着一道板墻從東首轉進去便是正殿院落上面三間正房東西六間廂房順着正房兩山兩個隨墻角門進去一邊兩間耳房正院裡墁着十字甬路四角還有新種的四棵小松樹姑娘看了這地方眞個收拾的清淨嚴謹心下甚喜安老爺便指點給他道姑娘你看這正面是個正座東廂房是個客座西廂房便是

你的座落其餘作個下房這邊還有個夾道兒通着後院姑娘你看我給你安的這個家可還合宜姑娘嘆道還要怎樣只是伯父太費心了說着又回頭四圍一看只見爷屋裡都大亮的點着燈只有那三間正殿黑洞洞的房門緊閉因問道怎的這正殿上倒不點個燈兒安老爺道我那天不告訴你的是卯時安位此時佛像還在我家前廳上供着等到吉時安位再開這門不遲此時開着防個大家出來進去的不潔淨姑娘聽了這話益發覺得這位伯父想得到家說得有理便請大家西廂房坐安老爺安太太一行人也不合姑娘謙讓便先進了屋子姑娘隨衆進

來一看只見那房子南北兩間都是靠牕大炕北間隔成一個裡間南間須炕安着一個矮排插兒裡外間炕上擺着坐褥炕桌兒地下也有幾件粗木油漆桌凳畧無陳設只有那裡間條桌上放着茶盤茶盌又擺着一架小自鳴鐘四壁糊飾得簇新也無多貼落只有堂屋正中八先棹跟前挂着一張條扇一幅雙紅硃箋的對聯正在看着僕婦們端上茶來姑娘忙道給我自已接過來一斉盞的給大家送過茶到了張姑娘跟前他道姐姐怎麼也合我鬧起這個禮兒來了何姑娘道甚麼話呢這就算我的家了麼張姑娘道依舅姐姐的家可也只好就這一遭兒罷往

後那使不得說着大家歸坐安老爺合張老爺便在迎門
靠桌坐下安太太便陪張太太在南間炕坐下姑娘便
拉了張姑娘坐在靠墻路兒上相陪這纔扭轉頭來留心
看那掛的字畫只見那副對聯寫道是
　果是因緣因結果　空由色幻色非空
姑娘看了這兩句憶了不由得一笑心裡說道我原爲我
這塵個地方兒近着父母的墳塋圖個清淨誰倒是信這
些因緣果啊色呀空的壺蘆提呢看了對聯一面又看那
張畫兒只見上面畫一池清水週圍畫着金銀做寶欄桿
池裡栽着三枝蓮花那兩枝都是並蒂的姑娘看了不解

這畫兒是怎生個故事又見上面横寫着四個垂珠篆字姑娘可認不清楚了不免問道伯父這幅畫兒是個甚麽典故安老爺兒問心裡說道這可叫作藍苔雙開並蒂花我此時先不告訴你呢因笑道姑娘你不見那上面四個字寫得是七寶蓮池這池裡面的水就叫作八功德水這是西方救度衆生離苦惱的一個慈悲源頭姑娘聽了也不求甚解但點點頭張老爺見這些話自己插不上嘴便站起來道這會子没我的事我過那邊兒幫他們歸着歸着東西去早些兒弄完了好讓戴奶奶他們早些過來說着一逕去了這裡安太太合姑娘又談了一會閒話東方

就漸漸發白起來安老爺看了看鐘已待交寅正一刻說叫個人來一時戴勤華忠兩個進來老爺吩咐道天也快亮了你們把那正房的門開開再打掃一遍二人領命出去安太太這裡便叫人倒洗手水大家淨了手這個當兒安老爺出去不知到那裡走了一盪回來道姑娘到正殿上看看去罷說着大家出了西廂房天已黎明姑娘這纔看出這所房子一切磚瓦木料油漆彩畫一色簇新原來竟是新蓋的心裡益發過意不去便同大衆順着甬路上了正殿台堦進門一看見那屋裡通連三間露明彩畫正中靠北墻安着一張大供案案上先設着一座一殿一捲

雕刻細作的大木龕龕裡安着一座小小的佛龕順着供案左右八字兒斜設兩張小案因佛像還不曾請來那供桌便在東西墻角放着正中當地又設着一張八先桌上面鋪着猩紅氈子地下靠東西山墻一順擺着八張椅子正中地下鋪着地毯拜墊姑娘自來也不曾見過進廟安佛是怎樣一個規矩只說是找個廟我守着父母的墳住着我幹我的去就結了那知安老爺這等大鋪排起來又不知少停安佛自己該是怎樣個儀注更不好一樁樁煩瑣人心裡早有些不得主意正在心裡躊躇只見張進寶喘吁吁的跑來稟道回老爺山東茌平縣二十八棵紅柳

嚷作的鄧九太爺到了還有褚大姑爺合姑奶奶也同着來了當下但見安老爺安太太樂得笑逐顏開安老爺先問在那裡呢快請張進寶回道方纔鄧九太爺到了門口兒先問何大老爺何大太太安了葬不曾奴才回說上月二十八就安葬了姑娘今日都請過這邊兒來了鄧九太爺聽了就說我可悞了因問奴才何大老爺的塋地在那邊奴才指引明白鄧九太爺說等我先到老太爺墳上磕過頭還到何大老爺那邊行禮行完了禮再過來安老爺聽了便連忙要趕過去張進寶道老爺此時就過去也來不及了奴才已經叫人過去回明張親家老爺又請奴才

大爺過去了安老爺道旣如此叫人看着些快到了先進來問我一句因向太太說道這老兒去年臨別之前曾說等姑娘滿孝他一定進京來看姑娘我只道他不過那樣說說不想竟眞來了太太道這老人家眼看九十歲了實在可難爲人家大槩他們姑爺姑奶奶也是不放心他這年紀纔跟了來的且住難道這鄧九公是安老爺飛符召將現抓了來的不成不然怎生來的這樣巧原來他前幾天早來了那褚大娘子還帶着他那個孩兒依鄧九公定要在西山找個下處住下他借此要逛寶珠洞登秘魔崖瞻禮天下大師塔還要看看紅葉是安老爺再三不肯讓

他在外住便把褚大娘子留在遊廊西院兒住下鄧九公合褚一官便在公子的書房下榻他巳經合安老爺進了個不耐煩喝了個不耐煩了姑娘是苦於不知如今忽然聽見所傳來了更覺驚喜悲歡感激歎賞麥在一處一時便有人回張親家老爺陪了鄧九太爺過來了安老爺聞聽連忙迎了出去安太太便也拉了姑娘同張家母女迎到當院裡隔着一道二門早聽得鄧九公在外面連說帶笑的嚷道老弟老弟久違久違你可想壞了愚兒了也聽得老爺在那裡合他見禮說道我算定了老哥哥必來只是今日怎得來的這般早九公道說也話長等偺們慢慢

的談說着已進二門大家迎着一見只見那老頭兒不是前番的打扮了脚下登着雙包緞子實納轉底三衝的尖靴老俏皮靦一件米湯嬌色的春綢袷襖穿一件黑頭兒絳色庫綢羔兒皮缺衿袍子套一件草上霜弔混膁的裡外發燒馬褂兒胸前還掛着一盤金線菩提的念珠兒又一個漢玉圈兒拴着個三寸來長的玳瑁鬍梳兒羖種羊帽四兩重的紅纓子上頭戴着他那武秀才的金頂兒褚一官也衣冠齊楚的跟在後面因到安老爺這局面地方來也戴上了個金頂兒却是那年黃河開口子地方捐賑鄧九公給他上了二百銀子議敘的個八品頂戴鄧九公

進來匆匆的見過安太太張太太張姑娘便走到玉鳳姑娘跟前問好說道姑娘偺們爺兒倆别了整一年了師傅是時時刻刻惦記着你說着從腰裡扯下條條兒手巾來擦了擦眼睛又細看了一看姑娘說好臉面兒胖了姑娘也謝他前番的費心此番的來意正說着褚大娘子已到門下車戴嬤嬤那邊完了事也跟過來便攙了褚大娘子進來後面還有跟他的兩三個婆兒且慢說褚大娘子此來打扮得花枝招展連他那跟的人也都套件一藍官網夾襖紮幅新裤褪兒換雙新鞋的打扮着安太太合他也作了個久别乍會的樣子褚大娘子見過衆人連忙過來

見姑娘見他頭上略帶着幾枝內款時粧的珠翠襯着件淺桃紅碎花襖子綿褂兒套着件深藕色折枝梅花的縐綢銀鼠拔風襟一條松花綠灑線灰鼠裙兒西湖光綾挽袖大紅小泥兒疊領兒出落得面如秋月體似春風配着他那柳葉眉兒杏子眼兒玉柱般鼻子兒櫻桃般口兒再加上鬢角邊那兩點硃砂痣合顋頰上那兩點酒窩兒益發顯得紅白鮮明香甜美滿褚大娘子一看心裡先說這那裡還是一年頭裡跑青雲山的十三妹了呢他二人彼此福了一福一時性情相感不覺拉住手都落了幾點淚姑娘哽噎道我只道你臨別的時候那一躲我今生再見

不看你了呢褚大娘子道我今日大遠的來可就是爲陪這個不是來了今日可是大喜的日子偺們不許哭安老爺道請進屋裡坐下談罷說着便往正房裡讓大家進了門分了個男東女西鄧九公褚一官張老安老爺便在東邊一帶椅子上坐了褚大娘子張媽媽何玉鳳安太太便在西邊一帶椅子上坐了安太太也叫張金鳳撿了個座兒坐下不必講自然有一番裝烟倒茶鄧九公先應酬了幾句閒話又讚了會房子只聽安太太向九公道這樣大年紀又這樣遠路還驚動姑爺姑奶奶同來這都是爲我們大姑娘鄧九公道二妹子再不要提了我這纔叫起了

倆五更趕了個晚集呢我原想月裡頭就趕到的不想道兒上遭了幾天天氣這天到了涿州我又合我們一個同行相好的喝了一場子不然昨日也到了誰知昨日過蘆溝橋那稅局子裡磨了我個日平西趕走到南海淀就上了燈了幸而那裡有我個親戚在他家住了一夜今日四更天就往這麼趕還好算趕上今日的事了安老爺道老哥哥來的甚巧今日正有事奉求說話間聽得那個鐘叮噹叮噹已打了卯初二刻老爺道偺們且慢閒談作正經的罷便叫玉格呢公子這個當兒正在東廂房裡擱着呢聽得父親叫他連忙上來安老爺便吩咐他道是時候了

就該你攙着理該你姐姐自己恭請入廟纔是但是大遠的他不好自己到外面去況且他同來還得跪接你替他走這蹚也是該的又說這樣吉祥事情你就暫借我的品級也穿上公服公子答應了一聲便走玉鳳姑娘本就覺得這事過於小題大作如今索性穿起公服來了便問安老爺說伯父回來我倒底該怎麼樣安太太接口道大姑娘你不用慌都有我招護你呢等我告訴你你只依着我就是了姑娘當下得了主意眼巴巴只望着請了佛來沒多時只見從東邊先進來兩個家人下了屏門的門閂分左右站穩把定那門便聽得門外靴子脚步蹤踏之聲吱

時一聲屏門開處先進來了四個穿衣戴帽的家人各各手執一炷大香分隊前引後面便是安公子身穿公服引了人抬着兩座彩亭進來這個當兒屋裡早有僕婦們捧着個金漆盤兒搭着個大紅袱子上面托着個小檀香爐點得香烟繚繞安太太拉着姑娘在右首跪下便把那個香爐盤兒遞給姑娘捧着姑娘此時是怎麼教怎麼聽捧了香爐恭恭敬敬直柳柳的跪在那邊一面跪着不免偷眼望外一看見那些抬的人把彩亭安在簷前把槅扇撤了出去看那彩亭時前面一座抬的兩座不高的佛像只是用紅綢挖單幪着却看不見裡面是甚麼佛後面那座

彩亭抬着卻像件扁扁的東西又平放着不像是佛像也蓋着紅綢子姑娘心裏猜道這莫不是畫像那時安老爺也換了公服同大家都在廊下站着吩咐道請公子便走到彩亭跟前將西邊那位請進門來安在當中那張八仙棹上首次後又將東邊那位請來安在下首安太太這裏便叫人接過姑娘的香爐去說姑娘站起來罷姑娘站起仍向外看又聽安老爺向鄧九公道老哥哥對對我罷說着二人走到後面彩亭前把紅綢揭起原來是一高一矮一長一方的兩個紅錦匣子鄧九公捧了那個長扁匣兒安老爺便捧了那個高方匣兒公子隨在後面進來鄧九

公朝上把那匣子一舉又把身子望旁邊一閃向公子道老賢姪接過去公子便朝上雙手接來捧着安在東邊那張小棹上然後安老爺過來也是朝上把那匣子一舉安太太這裡便道姑娘過去接着姑娘只得連忙過去安老爺也一樣的把身子一閃姑娘接過那個匣子來心裡一機伶說這匣管保該放在西邊小案上果見安太太過來招護着叫他送在那案上安好安太太便道姑娘先行了禮好開光安位姑娘見是兩尊佛像便打着問訊磕了六個頭只見安老爺上前去了那層紅綢揭單現出裡面原來還有一層小龕及至下了迎面龕門纔看見不是塑像

却是兩尊牌位安老爺道姑娘請過來瞻仰瞻仰你這兩尊佛姑娘過來仔細一看只見上首那座牌位鐫的字是皇清誥授振威大夫何府君神主下首那座是皇清誥封夫人何母佟太君神主姑娘這纔恍然大悟說道伯父你只說是請佛請佛原來是給我父母立的神主這却是姪女夢想也不到此安老爺道從來說得好在家敬父母何用遠燒香人生在世除了父母這兩尊佛那裡再尋佛去孝順父母不必求佛上天自然默佑不孝父母天且不容求佛豈能懺悔況佛天一理他又不是座受賄賂的衙門聽情面的上司憑你怎的巴結他他怎肯忍心害理的違

天行事况且你的意思我座廟原爲近着父母我如今把你令尊令堂給你請到你家廟來豈不早晚厮守且喜你靑雲山的約法三章我都不會失信姑娘此時直感激到淚如雨下無可再言安老爺道且待我點過主再請你安位姑娘又不知這點主是怎麽樣一樁事只得入太廟每事問安老爺道你不見神牌上主字那點還不會點神像便叫作開光神牌便叫作點主安太太便拉着姑娘道你照舊跪在這裡看着點一點你就磕一個頭姑娘跪好安老爺便盥手薰香請了鄧九公稱一官二位襄點早有家人預備下硃筆藍筆雞冠血淨水鄧家翁婿便從龕裡請

出那神主來老爺先填了藍後蓋了硃姑娘跪在那裡只記得儘興也不及仔細去看點完了照舊入龕安老爺退下姑娘站起來安老爺便說道姑娘這安位可是你自已的事了但是他二位老人家自然該雙雙升座為是你一人斷分不過來況且你令尊的神主究竟不好你捧了入龕這便是我從前合你講過的女兒家父親尊母親親的話如今也叫玉格替你代勞你便捧了你令堂的那一位姑娘一聽心裡說道敢則三禮叢通這部書是他們家纂的怨麼越說越有禮呢只得唯唯答應老爺看了公子一眼公子便上前捧了何公的那一座何姑娘捧了他太君

的那一座繞過八仙桌子分左右一齊奔到那座大龕的神牀上雙雙安了位你道可然作怪只安公子同何姑娘向上這一走忽然從門外一陣風兒吹得那總標紙戞楞楞長鳴連那神幔上掛的流蘇也都飄飄飛舞好像眞個的有個神靈進來一般一時大禮告成早有眾家人撤下那張八仙棹去把供棹安好隨後獻上了供品擺齊香燭有例在前無可再議便是公子捧飯姑娘進湯供完安老爺肅整威儀的獻了兩爵酒退下來便讓鄧九公行禮鄧九公道不然老弟今日這回事不是我外着你說我究竟要算在我們姑娘姑娘這頭兒站着自然儘老弟你合張

老大你們兩親家你二位較量起來這樁事是你的一番心你自然該先遍個誠告個祭這之後纔是我們說着又向頭問着何姑娘道姑娘你想這話是這麼說不是姑娘連稱很是安老爺更不推讓便上前向椅香爐內炷了香行過禮姑娘便在下首陪拜衆人看那香燭時只見燈展長眉雙花欲笑烟結寶篆一縷輕飄倒像含着一團的喜氣隨後安太太行過了禮便是張老夫妻到了鄧九公便合他女兒女婿道俗爺兒三個一齊磕罷他父女翁婿拜過鄧九公起來又向安公子道老賢姪你夫妻也同拜了罷也省得只管勞動你姐姐安老爺道給他叔父嬸母磕

頭豈不是該的難道還要姑娘答拜不成姑娘笑道禮無不答豈有我倒不磕頭的禮呢張姑娘此時早過去在西邊站了下首那九公道姑娘既這麽說可得過上首去怎麽說呢這裡頭有個說則假如你二位老人家在他們小兩口兒磕頭的時候他二位還一揖答兩拜也只好站在上首斷沒在下首的說着褚大娘子早把姑娘拉過東邊來站着安公子一衆虔誠的上前炷了香居中跪下儘下頭去張姑娘在這邊隨叩何姑娘在那邊還禮正跪了個不先不後拜了個成對成雙列公可記得那周后稷廟裡的緘口金人背上那段銘說道是戒子哉毋多言多言多

敗毋多事多事多患正經方纔姑娘還照一年頭裡那番斬鋼截鐵海濶天空的行逕你們既說不用我還禮呀偺們就算咧並不是了一天的大事無奈他此時是凝心靜氣聚精會神生怕錯了過節兒一宗要荅拜回禮不想這一拜恰恰的合成一個名花並蒂儼然是金廂玉琢鳳舞龍蟠安老夫妻鄧家父女四個人在後邊看了彼此點頭會意好不歡喜正在看着只見那供棹上的蠟燭花齊齊的雙爆了一聲那燭焰起的足有五寸餘長爐裡的香烟裊裊的一縷升空被風吹得往裡一捲又向外一轉忽然向東吹去從何玉鳳面前繞到身後聯合了安龍媒綰住

了張金鳳重復繞到他三個面前連絡成一個團圞的大圈兒好一似把他三個圍在祥雲彩霧之中一般玉鳳姑娘此時只顧還禮不迭不曾留意大家看了無不納罕安老爺在一旁拈着幾根小鬍子兒默然含笑道至誠而不動者未之有也子思子真不我欺一時撤饌奠漿獻茶禮畢褚大娘子便走過來向玉鳳姑娘耳邊悄悄說了幾句話姑娘連連點頭只見他走到安老爺安太太跟前說道伯父伯母今日此舉不但我父母感情不盡便是我何玉鳳也受惠無窮方纔是替父母還禮如今伯父母請上再受你姪女兒一拜安老爺道姑娘你我二人說不到此安

太太忙把姑娘扶起鄧九公一旁點着頭道姑娘你這一拜拜的眞是千該萬該只是你看今日這番光景你還要倆他甚麼伯父母竟叫他聲父母纔是姑娘歎了一聲道師傅我豈無此心只是大恩不輕言報論我伯父母這番照我豈是空口叫聲父母報得來的我惟有叩天默祝教我早早的見了我的爹娘或是今生或是來世轉生在我這伯父伯母的膝下做個兒女那纔是我何玉鳳報恩的日子鄧九公大笑道姑娘你現鐘不打倒去等着借鑼篩怎的越說越遠鬧到來生去了依我的主意他家合你既是三代香火姻緣今日趁師傅在這體再把你合他家諦

成一雙恩愛配偶你也照你張家妹子一般做他個兒女叫他聲父母豈不是一樁天大的好事何玉鳳不曾聽得這句話的時節還是一團笑臉及至聽了這話只見他把臉一沉把眉一豎望着鄧九公說道師傅你這話從何說起你今日大清早起想來不醉便是我合你別了一年你悖晦也不應悖晦至此怎生說出這等冒失話來這話你趁早休提免得攪散了今日這個道場枉了他老夫妻的一片好心壞了我師生的三年義氣這正是此身已證菩提樹冰斧無勞强執柯要知鄧九公聽了這話怎的收場下回書交代

兒女英雄傳評話第二十五回

何小姐證明守宮砂　安老翁諷誦列女傳

這回書接着上回表的是鄧家父女不遠千里而來要給安公子何小姐聯姻見安老爺替姑娘給他的父母何太翁何夫人立了家廟教他接續香烟姑娘喜出望外一時感激歡欣五體投地鄧九公見他這番光景是發於至性自已正在急於成全他的終身大事更兼受了安老爺安太太的重托便要趁今日這個機緣作個牽絲的月老料姑娘情隨性轉事無不成不想纔得開口姑娘便說出此話休提免得攪散了今日這個道場枉了他老夫妻二位

一片深心壞了我師徒三年義氣這等幾句話來這話要照姑娘平日大約還不是這等說法這還算安老爺安太太一年的水磨工夫纔陶鎔得姑娘這等幽嫻貞靜又兼看着九公有個師徒分際褚大娘子有個姐妹情腸纔得這樣款款而談其實按俗說這也就叫作番了這一番安老爺安太太爲着自已的事自然不好說話張太太是不會調停褚大娘子雖是善談看了今日這局面姑娘這來頭不是連頑帶笑便過得去的只說了句妹妹先不要着急聽我父親慢慢的講此外就是張老合褚一官兩個人早到廂房合公子攀談去了安老爺見這位大媒纔拿

起一把蒲扇來就輪圓裡碰了這等一個大釘子生怕鬧了場悞了事只得說道姑娘論理這話我却不好多言只是你也莫要錯怪了九公他的來意正為着你師生的義氣我夫妻的深心不要攪散了今日這個道場所以纔提到這句話安老爺這一開口原想姑娘心高氣傲不耐煩去詳細領會鄧九公的意思所以先把他這三句開場話兒作了個破題兒好往下講出個所以然來那知此刻的姑娘不是青雲山合安老爺初次相見的姑娘了纔聽安老爺說了這幾句便說道伯父不必往下再談了這話我都明白倒聽我說人生在世含情負性豈同草木無知自

兒女英雄傳

從你我三家在青雲山莊初會直到如今一年之久承伯父母的深恩我師傅合這褚家姐姐的厚意那一時那一樣那個去處那個情節不是要保全我的性命成就我的終身我便是鐵石心腸也該知感知情諸事聽命無奈我心裡有難以告人的一段苦楚縱讓伯父母壽體人情一時也體不到此事今至此我也不得不說了想我自從一十六歲纔有知識便遭了紀獻唐那賊爲他那賊子紀多文求婚的一椿謊事以至父親持正拒婚觸惱那賊壞了性命我見父親負屈含冤都因我的婚姻而起我從那日便打了個終身守志永遠不出閨門的主意好給父親爭

這口氣誰知那紀賊爲惡滔天既遭死我父親還放我母女不過我所以纔設法着人送了父親靈柩回京我自已便保着母親逃到山東地面聽說這九公老人家是位年高有德的誠實君子血性英雄我纔去投奔他爲的是靠他這年紀聲名替我女孩兒家作一個證明師傅好叫世人知我母女不是來歷不明及至得了那座青雲山棲身我既不能靠着十個指頭趁些銀錢換些担柴斗米又不肯舍着這條身子作人奴婢看人眉高眼低却叫我把甚麼奉養老母論我所能的就是我那把單刀無法只得就這條路上我母女苟且圖個生活及至走了這條路說不

謚的風塵骯髒龍蛇混襍巳就大不是女孩兒家的身分了縱說我這個心心無可愧見得天地鬼神我這條身子身未分明就難免世人議論因此我一到青雲山莊便稟明母親焚香告天對天設誓永不適人請我母親在我這右臂上點了一點守宮砂好容我單人獨騎夜去明來趁幾文沒主兒的銀錢供給母親的薪水這是我明心的實據並非空口的推辭此地並無外人我這師傅是九十歲的人了便是伯父你待我的恩情也抵得個生身父母不妨請看姑娘一壁廂說着一壁廂便把袖子高高的擄起請大家驗明果見他那隻右胳膊上點着指頂大旋圓必

正的一點鮮紅硃砂印記作怪的是那點硃砂印記深深透入皮肉膜裡憑怎麼樣的擦抹盥洗也不退一些顏色當下鄧九公父女合張太太以至那些僕婦丫鬟看了都不解是怎生一個講究只有安老夫妻心裡明白看着不禁又驚又喜又疼又愛你道他這番驚喜疼愛從何而來原來他老夫妻看准姑娘的性情純正心地光明雖是埋没風塵倒像形踪詭秘其實信得及他這朵妙法蓮花出汚泥而不染眞有個磨而不磷涅而不緇的光景只是要娶到家來作個媳婦也上這撥雙瞳如豆一葉迷山的以至糊塗下人又有幾個深明大義的眠心裡未嘗不慮到

日後有個人說長道短衆口難調只是他二位是一片仁厚心腸只感念姑娘救了自己的兒子延了安家的宗祀大處着眼便不忍吹求到此如今見姑娘小小年紀早存了這段苦志深心他老夫妻更覺出於意料之外不禁四目相關點頭贊嘆只這番贊嘆把姑娘個宛轉拒婚的心思益發作成了他老夫妻的求親張本這便叫事由天定豈在人爲閒話少說却說玉鳳姑娘證明他那點守宮砂依然放好袖子褪進手去對安老爺安太太說道我這番舉動也就如古人的卧薪嘗膽吞炭漆身一般原想等終了母親的天年雪了父親的大恨我把這口氣也交還太

空便算了了我這生的事業那時叫世人知我冰清玉潔來去分明也原諒我這不守閨門是出於萬分無奈不曾玷辱門庭不想母親故後正待去報父仇也是天不絕人便遇見你這義重恩深的伯父伯母合我師傅父女兩人同心合意費了無限精神成全得我何玉鳳禍轉為福死裡求生合葬雙親重歸故土便是俗語也道得個貓兒狗兒識溫存我何玉鳳那時若一定不跟你二位老人家回京便是不識溫存不如畜類所以我纔預先說明到京葬親之後只求伯父你給我尋座小小的廟兒近着我父母的墳塋息影偷生完成素志如今承伯父不枉了我棲身

廟宇這句話特特的給我父母立了這座家廟不但我身有所歸便是我的雙親也神有所托這是一片良工苦心這纔叫作義重如山恩深似海便算你二位老人家念我搭救你家公子那點微勞也足足的報過來了至於人世姻緣兩字久已與我何干鳳無干便是玉旨綸音也須原諒個人各有志更不必再講到你合鄧公子身上了想來伯父母定該可憐我這苦情不疑我是推卻姑娘這段話說了個知甘苦近情理並且說得心平氣和委屈宛轉迴不是而從在青雲山那輸理不輸嘴輸嘴不輸氣的樣子要照這等看起來敢是今日安老夫妻鄧家父女四人作

的這樁事竟大大的有些欠斟酌從來問名納采古禮昭
昭便是愛親作親罷也得循乎禮法豈有趁人家有事宗
廟的這天大家夥子擠在一處當面鼓對面鑼就合人家
本人兒嘈嘈起說親來的便是段小說也就作的無禮何
況是樁實事然而細按下去却也有個道理書裡交代過
的安老爺當日的本意只要保全這位姑娘給他立命安
身好完他的終身大事這段姻緣並不曾打算到公子身
上因鄧九公父女一心向熱定要給公子聯姻成就這段
如花美眷的姻緣再加上媳婦張金鳳因姑娘當日給他
作成這段良緣奉着這等二位恩勤備至的翁姑伴着這

等一個才貌雙全的夫婿飲水思源打算自已當日受了八兩此時定要還他半觔他當日種的是瓜此時斷不肯還他豆子今生一定要合他花開並蔕蚌孕雙珠纔得心滿意足在安老夫妻也非不知此刻專事給他辦得完全將他聘到別家纔是公心娶到自家便成私心轉念一想既要成全他到底與其嫁到別家萬一弄得有始無終莫如娶到我家轉覺可期一勞永逸所以纔大家意見相同計議停當只在今日須是如此如此然則他两位之中如安老爺的學問見識安太太的精明操持鄧九公的閱歷褚大娘子的積伶豈不深知姑娘的性兒怎的[illegible]肯這等

冒冒失失的提將起來這也有個原故在鄧家父女一邊是服定了安老爺了覺得我這把弟我那二叔的本領慢說一個十三妹就讓捆上十個十三妹也不怕弄他不轉在安老夫妻這邊是見姑娘在青雲山莊經了那番開導在船上又受了一路溫存到京裡更經了一年作養近來看姑娘那舉止言談早把冷森森的一團秋氣化成了和靄靄的滿面春風認定了姑娘是個性情中人所以也把性情來感動他給他父母安葬便叫公子扶櫬代勞給他父母立祠也叫公子捧主代勞料想他性動情移斷無不肯俯就之理再經鄧九公年高有德出來作這個大媒姑

娘縱然不便一諾千金一定是兩心相印到了兩心相印止要姑娘眼皮兒一低腮頰兒一熱含羞不語這門親事就算定規了至於姑娘當日在青雲山莊因他父親爲他的姻事合冤負屈焚香告天臂上點了守宮砂對天設誓永不適人的這個隱情便是佟舅太太合他同牀睡了將及一年他的乳母丫鬟貼身服侍他更衣洗浴尚且不知這安老夫妻鄧家父女四位怎的曉得所以弄到這邊鄧老頭兒纔拿起那把冰斧來一斧子就砸在釘子上捲了刃了那邊安老先生見風頭不順正待破釜沉舟講一篇澈底澄清的大道理將作了個破題兒又早被姑娘搶過

話來滔滔不斷的一套把他四個湊起來二百多週兒商
量了將及一年的一個透鮮的招兒說了個隔腸如見安
老爺聽罷心裡暗道這姑娘的見解雖說愚忠愚孝其實
可敬可憐但是事情到了這個場中斷無中止的理治病
尋源他這病源全在痛親而不知慰親守志而不知繼志
所以纔把個見識弄左了要不急脈緩受且把鄧翁的話
撇開先治他這個病源只怕越說越左因向姑娘嘆了一
聲說道姑娘你這片至誠我却影响不知無怪你方纔拒
絕九公如今九公這話且作緩商但是你這番舉動雖不
失兒女孝心却不合倫常至理經云乾道成男坤道成女

乾坤定而後地平天成女大須嫁男大須婚男女別而後夫義婦順這是大聖大賢的大經大法不同那愚夫愚婦的愚孝愚忠何況古人明明道着個不孝有三無後爲大又道女子從人者也你這永不適人的主見我竊以爲斷斷不可你是個名門閨秀也會讀過詩書你只就史鑑上幾個眼前的有名女子看去講孝女如漢湻于意的女兒緹縈上書救父鄭義宗的妻子盧氏冒刃衛姑講賢女如晉陶侃的母親湛氏截髮留賓周顗的母親李氏具饌供客講烈女如韓重成的女兒玖英保身投糞張叔明的妹子陳仲婦遇賊投崖講節女如五代時王凝的妻子李氏

持斧斷臂孝漢曹文叔的妻子引刀割鼻講才女如漢班固的妻子曹大家續成漢史蔡邕的女兒文姬謄寫賜書講傑女如韓夫人的助夫破虜木蘭的代父從軍以至戴良之女練裳竹笥梁鴻之妻裙布荊釵也稱得個賢女這班人才德賢孝節烈智勇無般不有只不曾聽見個父死含冤終身不嫁的這是甚麼原故也不過爲着倫常所關必君臣父子夫婦三綱不絕纔得高曾祖父身子孫曾元九倫不斁假若永不適人豈不先於倫常有礙安老爺這一套老道學話兒算起摟見線四方到盡頭兒了無論你怎的笑他迂腐要駁他却一個字駁他不倒姑娘一聽也

知安老爺是一團化解自已的意思無如他的主意是拿
了個老道轉毫不用一絲勝氣淩人只淡淡的笑道伯父
講的這些話怎生不曾聽得這班人以前又有一班人作
過這些事想也是從他作起這來不過人便從我何玉鳳
作起又有何不可列公我說書的曾經聽見老輩說過一
句閒話道是越是京城首善之地越不出息人只看這
位姑娘纔在北京城住了幾天兒便不是他從前那丁是
丁卯是卯的行逕已經學會了皮子了豈知眼前這椿事
他只顧一鬧皮子可只怕安老爺就難免受窘話休煩絮
却說安老爺料着姑娘不受這話定有一番雄辯高談看

他怎的說法再合他說到本地風光設法擒題不想姑娘開了個皮子蔫蔫兒的受了自已倒出乎意外一時抓不着話岔兒鄧九公旁邊一看急了你道他因甚的着急他此來本是一片血心這頭兒要衛顧把弟那頭兒要成全徒弟再不料一開口先受了那麽幾句厭話鬧了個兩頭兒都對不住算是栽了個懸梁子的大觔斗這一栽他覺得比當日在八輪子裡栽在海馬周三跟前還露着砢磣只羞得他那張老臉紫裡透紅紅裡透紫兩眼圓睜滿頭大汗把帽子往上推了一推兩隻手不住的往下擄汗及至聽安老爺接上話了料着安老爺定有幾句吃緊的話

問得住姑娘不想安老爺不過合他鬧了會子之乎者也倒背了句大半本烈女傳漸漸的話有些釘不住姑娘大不是前番靑雲山的樣子了再照這麽鬧會子文謅謅這事不散了嗎因此他不容安老爺往下分說便向玉鳳姑娘道姑娘你這話不是這麽說俗語說的好在家從父嫁從夫是個娘兒們沒說一輩子不出嫁的再說這樁事也不是一天兒半天兒的話了我實告訴你說罷說着他便把他合安老爺當日籌談的那天他女兒怎的忽然提親他怎的立刻就要作媒安老爺怎的料定姑娘不肯恐致悞事擱他先莫提起且等姑娘回京服滿之後再看機會

傅話一直說到他父女今日怎的特來作媒向玉鳳姑娘告訴了一徧告訴完了重新又叫聲姑娘說你瞧瞧他怎麽樣師傅比你曬日頭陽兒看三星兒也多經了七十多年了師傅的話沒錯的無論你當日對天焚香起的是甚麽重誓都應在師傅身上了你說好不好你只依着師傅這話就算給師傅圓上這個臉了一服話說了個亂糟糟驢唇不對馬嘴走來的不着要把個褚大娘子急得搓手忙攔他說你老人家不要着急這可是急不來的事款款則個饒是那等攔他他還是把一肚子話可桶兒的都倒出來玉鳳姑娘一聽心裡一想照這話說起來這不又是

青雲山假西賓的樣子我索興被他們當面裝了去了瞧看這局面連張家夫妻母女三人只怕也通同一氣別人總可我只恨張金鳳這個小人兒沒良心當日我在深山古廟給他聯姻我是何等開心見誠的待他今日的事怎的他連個信兒也不先透給我更可氣的是我那乾娘跟了我將及一年時刻不離可巧今日有事不在跟前剩了我一個人兒叫我合們他怎生打這個交道心裡越想越氣纔待要發又轉念一想使不得便算是他們都是有心作計我人家安伯父安伯母二位老人家不是容易把我母女死的活的纔護送回鄉況且我父親的靈柩人家挑

在自己的墳上守護了這幾年了難道他從那時候就曾
計我來着不成何況人家爲我父母立塋安葬蓋祠奉祀
這是何等恩情豈可一筆抹倒就是我這師傅不辭年高
路遠拖男帶女而來他也是爲好更何況今日我既有了
這座祠堂這便是我的家了自我無禮斷斷不可遷用
好言合他們講說懇他萬語千言只買不轉我一個不就
結了姑娘主意已定他便把一臉怒容張變作一團冷笑
向鄧九公道師傅你老人家怎的只知顧你的臉面不知
顧我的心跡人各有志不可相强即如我安伯父方纔的
話豈不是萬人瞰不動的大道理但是一個人存了這片

心說了這句話豈可絲毫搖動假如我這心我這話可以搖動當日我救這位公子的時候在悅來店也曾合他共坐長談在能仁寺也曾合他深更獨對那時我便學來那班才子佳人的故套自訂終身又誰來攔我爲甚麼把個眼前姻緣雙手送給個萍水相逢素昧平生的張金鳳只這一個便是我提筆畫押的一件親供衆人有目供照的一面鏡子師傅你就不必再絮叨了鄧九公道照姑娘你這麼說起來我們爺兒們今日大遠的跑了來幹甚麼來了老頭兒這句話來的更乏書裡表過的這鄧九公雖是粗豪鄙也是個久經大敵的老手怎生會說出這等一

句沒氣力的話來原來他心裏還彆着一樁事他此來打算說成了姑娘這樁好事還有一分潤禮幫箱此時彆在心裡密而不宣要等親事說成當面一送作這麼大大的一個好看兒不想這話越說越遠就急出他這句乏的來了姑娘聽了這話倒不見怪只說道你老人家今日算來看我我也領情算為我父母的事我更領情要說為方纔這句話來的我不但不領情還要怪你老人家的大錯鄧九公哈哈大笑道師傅又錯了師傅錯了你薅師傅的鬍子好不好姑娘道我這話從何說起呢你老人家合我相處到底比我這伯父伯母在先吃緊的地方兒你老人家

不對我說句話兒罷了怎的倒拿起在人家跟前送起人情來這並不大怪再說今日這局面也不是說這句話的日子怎麼就把你老人家急得這樣欽此欽遵倒像非立刻施行不可你老人家也該想想便是我不曾有對天設誓永不適人的這節事這話先有五不可行褚大娘子纔要答話安老爺是聽了半日好容易捉着姑娘一個縫子可不撒手了連忙問道姑娘你道是那五不可行姑娘道第一無父母之命不可行第二無媒妁之言不可行三無庚帖四無紅定更不可行到了第五我伶仃一身寄人籬下沒有寸絲片紙的賠送尤其不可行縱說五件都有這

說向我一個立誓永不適人的人來[illegible]對石佛談禪再也休想弄得圓通說得明白了安老爺道姑娘你須知那金剛也有個不忍石佛也有時點頭何況你說的這五椿椿椿皆有因指着他父母的神龕道你看這豈不是你父母之命又指着鄧家父女合張親家太太道你看這豈不是你媒妁之言你要問你的庚帖只問我老夫妻你要問你的紅定卻只問你的父母至於聘送姑娘你有的不多卻也不到得並無寸絲片紙待我來說與你聽安老爺這話就如對策一樣纔不過作了個策帽兒還不曾一條條對起來呢姑娘聽了先就有些不耐煩鄧

九公又在一旁拍手道好哇好哇我看姑娘這還說甚麼安太太恐姑娘着惱便拉着他的手說不要着急慢慢的說着就有個頭緒了褚大娘子道正是這話好妹子你只記着我當日合你說的老家兒說話再没錯的那句話還是老家兒怎麼說偺們怎麼依着姑娘一看這光景你一言我一語是要齊下虎牢關的來派了他倒也不着惱也不動氣倒笑了笑說道伯父不必講了你二位老人家從五更頭鬧到此時也該乏了我師傅合褚大姐姐大遠的跑到這裡也着實辛苦了竟請伯父張親家爹陪了我師傅合褚大姐夫前邊坐去我同伯母合媽媽也陪了褚大

姐姐到廂房說些閒話你我大家撇了這個所在撂過這篇兒去方纔的話再也休提如不見諒我抄總兒說一句泰山可撼北斗可移我這條心這句話斷不能改我言盡於此更不再談憑你大家萬語千言卻莫怪我不答一字說着只見他退了兩步果然照褚大娘子前番說的那光景把小眼皮兒一搭撒小臉兒一括搭小腮幫子兒一鼓抄着兩隻手在桌兒邊一靠憑你是誰還你是怎樣合他說着再也休想他開一開口這事可糟了糟狠了糟的沒底兒了列公你道兩好並一好愛親纔作親一家不成兩家現在何至於就糟到如此原來今日這椿事果然說成

不是還有個十天八天三月倆月的就擱只因安老爺一愁姑娘雖於說話二愁姑娘夜長夢多果然一言為定那問名納采行聘送妝都在今日這一天只在今日酉時陰陽不將天月二德便要迎娶過門了此刻這裡雖是這等一個清淨壇場前頭早已結彩懸燈排筵設宴吹鼓手廚茶房以致儐相伴娘家人僕婦一個個擦拳磨掌吊膽提心的只等姑娘一句話應了聲立刻就要鼓樂喧天歡聲匝地連那頂八人猩紅喜轎早已亮在前面正房當院子了安老爺安太太雖不會請得外客也有好已位得意門生同心至好以至近些的親友本家都衣冠齊楚的在前

邊張羅候着賀喜不想姑娘這個當兒拿出那老本言詞的看家本事來請問這一咣嚕串兒吁安老爺一家怎生見人鄧褚兩家怎的回去便是張老夫妻那逢山朝頂見廟磕頭合一年三百六十日的白齋那天纔是個了願至於安公子空吧踏了幾個月的嘴今日之下把隻煮熟的鴨子飛了又叫張金鳳怎的對他的玉郎又叫何玉鳳此後怎的往下再處你道糟也不糟此尤其小焉者也便是我說書的說道這裏就算二十五回團圓了聽書的又如何肯善罷干休那可就叫作整本的糟糕傳還講甚麼兒女英雄傳呢列公不須焦躁你只看那安水心先生是何

等心胸本領豈有想不到這裡不防這一着的理然則他何不一開口就照在青雲山口似懸河的那派談鋒也不愁那姑娘不低首下心的心服首肯怎的又合他皮鬆肉緊的談了會子道學又指東說西的打了會子悶葫蘆呢這便叫作逞遊談易發莊論難當日在青雲山是先要籠絡住這姑娘不得不用些權術今日在此地是定要成全這姑娘不能不純用正經既講到含權用經凡一切詼諧話優俳話譬喻話影射話都用不着再說安老爺本是個端方厚重的長者少一時坐在堂前就要作姑娘的阿翁了一片慈祥雖望着姑娘心迴意轉却絕不肯逼得姑娘

理屈詞窮他心裡却早有了個成算及至見姑娘話完告
退不則一聲老爺便兩眼望着太太道太太你聽姑娘終
咬不了這本來至性你我倒枉用了這番妄想癡心這便
怎樣纔好安太太似笑非笑似嘆非嘆的應了一聲老夫
妻兩個四隻眼睛一齊望着媳婦張金鳳張金鳳見公婆
遞過眼色來便越衆出班的道今日這事算我家一樁大
事公婆父母都在前頭再說九公合褚大姐姐是客又專
爲這事而來却沒媳婦說話的分兒但是我姐姐的性格
兒我知道他但是肯不用人求他果然不肯求也無益公
公不必往下再說了竟依着我姐姐的話眞個陪九公到

前頭坐去讓媳婦問問姐姐或者我姐姐還有甚麼不得已的苦衷說不出的私話也不可知我們女孩對女孩兒沒個礙口難說的只怕倒說的到一處便是婆婆合媽媽在這裡陪着褚大姐姐正好談談這一年不見的閒話兒也不必費心勞神這事竟全責成在媳婦身上公婆想着如何安太太先就說你小人兒家可有多大能耐呢要作這麼大事你能嗎安老爺搖着頭道媳婦你看我兩個老人家處在這要進不能要退不可的去處得你來接過我們這個擔子去我們豈不願意但是這樁事的任大責重你卻比不得我同九公我兩個作不成大家不過說一句

這事想的不仔細作的不周全你一個作不成有等知道的道是你姐姐深心執性有等不知道的還道是你本就不曾盡心不曾着力有心敗事無意成功儻被親友中傳說開去你小小年紀這個名兒卻怎生擔得起他翁娘兩個這陣真話兒假說着假話兒真說着也不知累他家搭就了的伏地扣子喲也不知是那燕北閒人因張金鳳從第七回出名直到第二十五回雖是逐回的露面登場總不曾作到他的正傳文章寫得他出色如今且不去管他再說何玉鳳先聽得張姑娘說他但是背的不必人求果然不肯來也無益不覺暗喜道到底還是他知道我些甘

嘗及至聽他說到也不勞公婆父母也不用褚家大娘只把這事竟成在他身上這些話姑娘又不禁轉喜爲怒起來暗道好個小金鳳兒難道連你也要合我嘀嘀唔啵不成果然如此可算你猴兒拉稀小人兒壞了腸子了少停你不奈何我便罷你少要奈何我一奈何我也顧不得那叫情那叫義我要不起根發腳把你我從能仁寺見面起的情由都給你當着人抖摟出來問你個自瞪自瞪的我就自鬭出個十三妹來了想罷依然坐在那裡一聲兒不哼張金鳳分明看兒姑娘那番神情只不在意他依然答應公婆道媳婦豈不知公婆這番憐惜媳婦的心只是九

公同稽大姐姐合姐姐說姐姐不容說公婆合姐姐說姐姐又不容說我爹媽在此更不能說倒有個能說會道的舅母呢今日偏又不在這裡媳婦若再袖手旁觀難道真個的今日這樁事就這等罷了不成慢說媳婦受些寃枉談論便觸惱了姐姐隨姐姐怎樣媳婦也甘心情愿公公只管安坐前廳靜聽消息讓媳婦這裡求姐姐磨姐姐央及姐姐幸而說得成不敢領公婆的賞賜萬一說不成再受公婆的責罰安老爺聽到這裡只合太太說了聲太太我們也只得如此說完拉了鄧九公頭也不回竟自去了何玉鳳看了越想越氣他在那裡梗梗着個小脖頸兒撐

着兩個小鼻翅兒挺着腰板兒雙手扶定克膝蓋兒扐馬橫鎗只等張金鳳過來說話打算等他一開口先給他個下馬威那知人家更不過來只見他站在當地向那羣婆兒了頭說道你們是聽住了熱鬧兒了瞧瞧稱大姑奶奶合二位太太的茶也不知道換一換烟也不裝一袋也這麼給姑娘熱熱兒的倒盌茶來衆人聽了忙着分投去倒茶倒了茶來他便先端了一盌親自捧到姑娘跟前說姐姐喝點兒茶姑娘微待不理想了想這是在自巳家祠堂神龕上眞寫不過去沒奈何站起身來乾了人家一句說了六個大字道是多禮我不敢當張金鳳也只作個不理

會同身傍給褚大娘子裝了袋煙褚大娘子道妹子請坐罷怎麼只是勞動起你來了張金鳳笑道我到你家你怎麼服侍我來着呢說着又給婆婆遞了袋烟安太太一手接煙袋只揚着臉綳着眉望着他長出氣張姑娘但低頭微笑然後纔給他母親裝烟到了給他母親裝烟他却不是照那等抽着了用小絹子擦乾淨了烟袋嘴兒閃着身子把烟袋鍋兒順在左邊烟袋嘴兒讓在右邊兒折胸伏背的那等遞法兒了他裝好了烟却用左手拿着烟袋右手拿着香火說你老人家自已點罷原故並不是他關姑奶奶脾氣親家太太那根烟袋實在又辣又臭惡歹子難

抽只見那張太太愁眉苦眼的向他道姑奶奶你別鬧了你瞧這還有甚麼心腸抽這烟呢張金鳳道媽不吃會子烟這親就說成了就讓你老人家再許三百六十天的不動烟火不成還是不成啊說的褚大娘子合安太太掩口而笑姑娘聽了益發不受用又聽安太太吩咐道你們也給你大奶奶裝袋烟兒因合張金鳳道你有甚麼話只管坐在那裡合姐姐說張金鳳答應一聲過去便挨着玉鳳姑娘坐好恰好華嬤嬤送上一盌茶來張姑娘接過茶來一壁廂喝着一壁廂目不轉睛的只看着那盌裡的茶想主意一時喝完了茶柳條兒又裝上烟來因見太太在上

跟生着他便隱着烟袋遞給他家大奶奶張姑娘接過來
不敢當着婆婆公然就啐烟兒便順在身旁回過頭去抽
了兩口又扭着頭噴淨了口裡的烟便把煙袋遞給跟人
暗暗的搖搖頭說不要了從來造就人材是天下第一件
難事不懂一個北邨裡的怯閨女怎的到了安太太手裡
纔得一年就會把他調理到如此却說張姑娘正待說話
只聽婆婆那裡吩咐晉升女人道你告訴院子裡聽差的
那幾個小斯此時無事先叫他們出去等用着再叫他們
那裡是聽差都貪着聽熱鬧兒呢就連你們也可以換替
着在這裡伺候那供棹上的蠟盡了先不用換呢大家答

聽了一聲忙去傳話張姑娘這纔把身子向玉鳳姑娘斜簽着坐了未從開口先和容悅色低聲下氣的叫了聲姐姐只見姑娘把眼皮兒往上一閃冰冷的一副面孔問道怎麽樣只這第一句這親就不像個說的成的樣子張金鳳道姐姐我可敢怎麽樣呢我只勸姐姐先消消氣兒妹子另有幾句肺腑之談要合姐姐從長細講這正是千紅萬紫含花未先聽鶯聲上柳條要知那張金鳳合何玉鳳怎的個開談這親事到底說得成也不成下回書交代

兒女英雄傳評話第二十五回終

兒女英雄傳評話第二十六回

燦舌如花立消俠氣　慧心相印頓悟良緣

這回書不及多餘交代便講何玉鳳他聽得張金鳳對他說另有幾句肺腑之談待要合他從長細講他便把那一臉怒氣略略的放緩了三分依舊搭撒着眼皮兒說道你若果然有成全我的心衛顧我的話就請說要還是方纔伯父合九公說的那套我都聽見了也明白了免開尊口張金鳳笑道姐姐又來了難道姐姐沒聽見公婆怎的吩咐我我怎的回稟公婆妹子此時除了這話還有甚麼合姐姐說的只是妹子說的雖是這套話却合公公說的有

些不同打頭公公說的姐姐永不出嫁斷使不得的這句
話妹子此時更不必向姐姐如再問原故合姐姐再講道理
只知道非是斷使不得得遵着公公的話定了至於妹子
又曉得些甚麼說起來可不能像公公講的那樣圓和宛
轉這裡頭萬一有一半句不知深淺的話還得求姐姐原
諒妹子個糊塗就待妹子個小便是姐姐不原諒妹子不
就待妹子那怕姐姐就打兩下子罵兩句都使得可不許
糊塗不言語就讓姐姐糊塗不言語我可也是打破
沙鍋璺到底問明白了我好去回我公婆的話這話得先
說在裡頭姑娘這麼一聽他這話來的比自己還皮子只

得綳着個臉兒說道既如此請教張金鳳道姐姐就要我說你我這些煩文散話都收起來偺們只講實在的講實在的第一姐姐得看九公這位老人家姐姐要知道人家是九十歲的老人家了他老人家要不爲給姐姐提親這樁事大約從今日到他慶二百歲也不肯大遠的往京裡跑這盪就算褚大姐姐夫妻二位合你我同輩爲姐妹都是該的他兩個自然也爲這九十歲的老人家跑上千的里地作兒女的不放心所以纔跟了他老人家來姐姐替他兩個想想一路服侍這麼一位老人家曉行夜住渴飲饑飡人家得懸多少心費多大神通共算起來人家都是

爲姐姐一個人兒呀再說姐姐就得看我公婆我公公去年遭了那等不順的事無原無故只爲不會巴結上司丟了官惹了氣變了產破了財還在縣監裡坐了兩個月出來依然是滿面精神無煩無惱據婆婆說臉面兒比在外頭倒胖了自從心裡有了姐姐這件事今年倒露消減了許多腰裡的帶子是我新近縫的比去年撙進一寸多去了我婆婆去年這時候合姐姐初次見面的時候姐姐還該記得真說起是四鬢刀裁的自從心裡有了姐姐這件事這些日子左右鬢角兒上竟有十幾根白頭髮了這也都是爲姐姐講到我爹媽却不曾在姐姐跟前有甚麼大

娘處只我媽從去年一口白齋直吃到今日近來更添了
半夜裡起來燒子時香這個樣兒的冷天直橛橛的跪在
風地裡舉着秠香一面燒香一面磕頭一直等手裡的香
盡了纔站起來姐姐在裡間屋裡跟着舅母睡大約就未
必知道姐姐只想我心疼不心疼我爹是每月初一一盪
前門關帝廟十五一盪前門菩薩廟這要在內城住出趟
前門可費着甚麽呢姐姐想從這裡去這是多遠道兒他
老人家是風雨無阻步行去步行同來還帶着來回不吃
一口東西不喝一點兒水嘴裡不住聲兒的唸佛這也都
是爲姐姐我只想有姐姐萬事都不必講只看這五位老

人家分上無論有甚麼樣的爲難是怎麼樣的受屈不必等妹子求姐姐也該沒的說了姐姐若果然沒的說妹子往下千言萬語都不必提只給姐姐磕頭回覆了公婆就完了事了這張金鳳第一段話主意就來得不弱只因他一眼看定了姑娘是個性情中人所以只把性情話打動他要論到玉鳳不曾被他打動絕無此理只是他心裡的勁兒一時背住扣子了轉不過磨盤兒來只聽他說道這話妹子你就不講我豈不知講到這幾位老人家待我的光景雖是不同同一恩深義重須放着我何玉鳳不死我今生能報便是今生來世能報便是來世天地鬼神都聽

得見這句話我何玉鳳絕不食言要說妹妹你一定叫我把我的終身大事去在人跟前去報恩這可斷斷不能從命至於你我我雖說是施恩不望報你也切莫受恩便忘報你可記得你我在能仁寺廟內初會的時候我待你也有小小的一點人情今日之下你不想個方兒幫我罷了怎的倒拿這話兒擠起我來妹妹你莫非也累差了些兒說着便把那眉頭兒一鬭眼神兒一足便有個待要發作的樣子張金鳳不等他發作說話比先前高了一調這個當兒安太太合褚大娘子只低言悄語在那邊閒談絕不來管張太太忽然接上話了說姑奶奶你好好兒的合他

說別價合他着急掰臉的可張姑娘一面回答他母親說這事不與媽相干兒不用你老人家管一面合姑娘說道我張金鳳只道姐姐把從前能仁寺的事忘了呢原來姐姐還沒忘這話倒好說了只是妹子斷想不到落得姐姐說我不替姐姐倒擠姐姐的這句話姐姐既這等說大料今日這親事妹子在姐姐跟前斷說不進去我也不必枉費唇舌再求姐姐磨姐姐央給姐姐了只是妹子還有幾何不知進退的話不得不交代明白了爲甚麽呢此時假如妹子說了姐姐始終執意不從日後姐姐無的後悔的妹子也無例抱愧的一個不說儻然日後姐姐想過滋味

兒後悔起來說道噯呀原來如此一定說當日別人不肯多句話兒罷了怎的張金鳳他也不提補我一聲兒那時妹子可就對不住姐姐了他說着把座兒向前挪了一挪身子向前湊了一湊問着何玉鳳道妹子先要請教姐姐當初一日我同姐姐的妹夫玉郎兩個人在黑風崗能仁寺廟裡雙雙落難他的一條命離見閻王爺就剩了一層紙兒了我的一條身子離掉在靛缸裡也只差着一根絲兒了那時虧了誰全虧了姐姐姐姐非親非故橫身出來彈打了和尚刀劈了衆僧救了我兩個的性命便是救了我兩家的性命我兩家生生世世也感激不盡報答不來

張金鳳纔說到這裡何玉鳳便攔他道這是以往之事與今日何干要你講這些沒要緊的閒話張金鳳道怎麼閒話呢姐姐聽從那麼鹹酸打那麼說不有當初怎得今日只是我想若當初姐姐既救了我兩家性命姐姐的心是謊了事務完了那時候我替姐姐計算這個的就該塵土不沾抬腿一走那怕玉郎他再撞見幾個騾夫我再撞見幾個和尚那是我兩個的定數難逃姐姐於心無愧我不懂姐姐無端的把我兩個強扭作夫妻這是怎麼個意思何玉鳳聽了這話大是詫異忙說道你這話問得奇呀那時我見你兩個末路窮途彼此無靠是我一片好心一團

熱念難道我有甚麼貪圖不成張金鳳笑道可又來誰又一說姐姐有甚麼貪圖來着呢但是我想我那時候雖說無靠到底還有我的爹媽他雖說無靠合我還算得上個彼此姐姐如今只剩了孤鬼兒似的一個人兒連個彼此都講不到是算有靠啊是不算末路窮途啊還是姐姐當日給我兩個作合是一片好心一團熱念我公婆今日給你兩個作合是一片歹心一團冷念呢怎麼倒招出姐姐一無這個二無那個這許多累贅來了請教何玉鳳道這個又當別論張金鳳道咻一樣的人一樣的事你還是當日的你我還是當日的我他還是當日的他怎麼又當別論

兒女英雄傳

呢妞妞你方纔開口便道是一無父母之命姐姐合妹子都算不得讀過書父母之命的這句書也還該記得還得明白這句書的下文是鑽穴隙相窺踰墻相從則父母國人皆賤之原是比方作官的話本與女孩兒出嫁無干就讓扣着字面兒講說俗了也說的是一個女孩兒家有爹娘在頭上要是不等着爹娘許人家兒自己就在墻上挖個窟窿兒合人家的男子偷着對相看相看准了跳過墻去就跟了人家走了連他的爹娘合世上的人可就都把他看得輕賤了這是孟夫子當日合周霄打了一個譬喻跳過粉皮墻的反西廂皮磕兒不是說爹娘沒了沒有爹

姐縱說人家兒了這一輩子就該永遠不出嫁要都照姐
姐這等講起來世界之大何止萬萬人少說這裡頭也
有一停兒沒爹娘的女孩兒只好都當姑子去罷那裡給
他找這些座姑子庵兒呀要講到姐姐身上並且說不得
無父母之命這話怎麼講呢假如我公婆在不曾替姐姐
給叔父嬸娘立這座祠堂以前便合姐姐提到親事那無
怪姐姐作難如今既有了這座祠堂可是姐姐說的便算
姐姐的家了這座龕可也就算得是叔父嬸娘的住房了
我公婆親自到姐姐家在他二位老人家跟前跪在地下
求這門親這怎麼叫無父母之命姐姐要算一定得他二

位老人家應了纔算父母之命誠則靈許我公婆誠求就許他二位老人家有個顯應萬事是假的姐姐只有方纔玉郎同你奉主安位的時候那陣風兒不是個顯應嗎方纔我公婆行禮的時候那香燭的一派喜氣不又是個顯應嗎何玉鳳聽了這話只管搖頭張金鳳道姐姐你必又是不信這些話問到了你我三個人下拜的時候那一縷香烟忽然的轉成那個大團圓兒凝結不散把你我三個圓圓的團住還要神氣靈感到甚麼分兒上去那個工夫兒就短了兩位神主真個的說一句姑爺請起了這是這屋裡上上下下三四十人親眼見的難道是我張金鳳點

中生有的謠言嘴是獨姐姐你沒看見嘛這是你也看見了不信呢要說你又講到你那些甚麼英雄豪杰不信鬼神的話要知道雖聖人尚且講得個鬼神之爲德其盛矣乎就讓姐姐是個英雄也不能不信聖人不信你的父母何玉鳳道你倒底那裡來的這些沒影兒的話張金鳳道就算我這話沒影兒等我說句有影兒的姐姐聽我曾聽見公婆說過當日你家祖太爺臨危的時候你家嬸娘正懷着你你家祖太爺把我公公合你家叔父叫到跟前親口囑咐說儻得生個男孩兒便教他跟着我公公讀書即或生個女孩兒長大也要許個書香人家配個讀書子

弟這話我公公在青雲山莊也曾合姐姐說過姐姐也該記得難道這也是沒影兒的細想那老人家當日的意思未必不就指的是今日的事只是不好明說老輩子的心思兒識斷不得錯便是叔父嬸娘現在今日之下我公婆上門求這門親他二位老人家想起你祖太爺的話來只怕還沒個不歡天喜地的應許的然則方纔那些顯應怎見得不是他二位神靈有知來完成這樁好事照這等說起來姐姐不但有父母之命還多着一層祖父之命呢這話方纔我公公指點的明白姐姐不耐煩往下聽就算是無父母之命定了姐姐可記得你在能仁寺給我同玉郎

婣姻的時候人家辭婚開口第一句說的就是無父母之命阿人家可是父母現在只因不在跟前婚姻大事不奉父母之命自己不敢作主人家的話却比姐姐說得响理也比姐姐講得足那時姐姐不依三句話不合揚起刀來就講砍人家的腦袋請問一個人有個不怕砍腦袋的嗎及至人家没法兒了跪下求姐姐開恩姐姐這纔喜歡了就在那㕑髒全臭的和尚屋子裡棹子上擱了盞燈說這就算你父母之命叫我們倆朝上磕頭罷姐姐的話敢不聽麽我兩個連忙就朝那着盞燈磕了頭算領了父母之命究竟起來他的父親我的公公還在山陽縣縣監裡他

的母親我的婆婆還在淮安城飯店裡呢縱說那時候我的父母算在跟前倒底那是他的父母之命阿這樣看起來人家不奉父母之命姐姐就可以硬作主張姐姐站在自家祠堂屋裡守在父母神主跟前又有這等如見如聞有憑有據的顯應還道是無父母之命一般兒大的人怎的姐姐的父母之命就該這等認真人家的父母之命就該那等將就這是個甚麼道理姐姐講給我聽姑娘還是平日那不服輸不讓話的排字兒把眉兒一跳說道這個不想只說了這兩個字底下卻一時抓不住話頭兒張金鳳便閙着他道這個那個呀姐姐聽着罷我還有話呢姐

姐方纔又道是無媒妁之言我請教姐姐倒底怎麼是媒怎麼是妁呀我知道的是男家的媒人叫作媒女家的媒人叫作妁這是個大禮到了如今的時候兒或者兩家兒本是至親相好請一位媒人的也儘有再講到偺們旗人的老規矩我聽婆婆說起來甚至還有不用媒人親身拿柄如意跪門求親的呢講到姐姐今日這喜事不但有媒有妁并且還請得是成雙成對的媒妁餘外更多着一位月下老人姐姐不信只看今日祠堂裡這行禮的次序就知道了今日這個禮節講遠近兒講歲數兒講親友講甚麼也該讓九公合褚大姐姐夫妻二位先行禮纔是爲

甚麼大家倒先儘我公婆行禮我公婆怎麼也不謙不讓就先行起禮來了姐姐心裡明白不明白何玉鳳道這是因伯父母替我家允的祠堂所以先請他二位通誠告祭你難道不知要來問我張金鳳道我知道是通誠我知道通的可不是告祭的誠通的都是求親的誠等我告訴明白了姐姐我公婆的第一起行禮那就是求親我父母第二起行禮便是男家請來問名的大媒九公合褚家姐姐夫妻第三起行禮便是你女家的主婚大媒現放着媒妁雙雙大禮全備這怎麼叫作無媒妁之言這話方纔公公分明指點給姐姐姐姐也不耐煩往下聽姐姐想想姐姐

當日把我配給玉郎的時候除了姐姐合姐姐那把刀那是他的媒那是我的妁呀可倒别緻人家作媒是拿把蒲扇姐姐作媒是拿把刀一手托兩家當面鑼對面鼓不問男家要不要先問女家給不給那個當兒我家敢說不給媽姐姐是恩人麽及至把我家問得牙白口清千肯萬肯人家這纔不要了姐姐一怒可就要起刀來了姐姐可記得姐姐要刀的那個當兒可是已經當面把我許給人家了那時我只怕他那個死心眼兒姐姐這個天性一時兩下裡合不攏來姐姐認真把他傷了姐姐想我該怎麽好或爲得不急沒法兒也顧不得那些羞臊跟着他跪在地

下求姐姐吩咐怎麼好怎麼好姐姐這纔沒得說了手裡擷着把刀奚落了我們一陣說你們倆媒都謝了還問得是甚麼假惺惺兒這是我張金鳳當日經過的大媒姐姐姐姐强欵是個黃花女兒呀今日之下我公婆恭恭敬敬給姐姐請了這一堂的媒人來就算我爹媽不能說甚麼不能作甚麼也算一片誠心褚家姐姐夫妻二位又是成雙成對再加上九公多福多壽的一位老人家大夥兒跪起八拜的朝上磕頭求親姐姐還不認是媒妁之言請教這比我們叫人拿着把刀逼着成親的何如一般兒大的人怎麼姐姐給我作媒就樣那霸道他衆位給姐姐作媒

就這算煩姐這是個甚麼講究姐姐說給我聽何玉鳳聽了這話漸漸低垂粉頸索興連那這個倆字也沒了只抬起眼皮兒來惡惡實實的瞪了人家一眼張金鳳道姐姐說話呀瞪甚麼我惱姐姐一句不用瞪了連湯兒吃罷等着我還有話呢姐姐方纔又道是三無庚帖這庚帖姐姐自然講究的就是男女兩家的八字兒了要講玉郎的八字兒就讓公婆立刻請媒人送到姐姐跟前請問交給誰還是姐姐自已會算命啊會合婚呢講到姐姐的八字兒從姐姐嘴拉的一聲我公公婆婆就知道不用再向你家要庚帖去姐姐要說不放心此時必得把倆八字兒合一

合寶告訴姐姐我家合了不算外連你家也早已合過了何玉鳳道今日你憑的清醒白醒說的都是些夢話張金鳳道我一點兒也不是夢話我聽見說你家叔父嬸娘從你小時候給你算命就說你這八字兒四個辰字叫作地支一氣土星聚亘將來是個有錢使的命要在那個屬馬的姑爺合成天馬雲龍的格局將來還要作一品夫人呢這話姐姐要不知道只問你家戴嬤嬤大約姐姐不用問也不是不知道要果然知道更用不着糊塗至於那些算命瞎生的奉承話兒原不足信只講叔父嬸娘當日給你算命可可兒的那瞎生就說了這等一句話你可可兒

的在悅來店遇着的是這個騾馬的在能仁寺撞見的是是這個騾馬的你兩個只管南北分飛到底同故歸里姐姐你算這裏頭豈不是有個命定麼你同鄧九公褚大姐姐扭得過去同我公婆扭得過去你難道還同你的命扭得過去不成公公方纔說你要問庚帖只問他二位老人家說的正是這句話姐姐不求甚解只說是無庚帖可憐我張金鳳說婆婆家的時候兒我知道甚麼叫個庚銅啊庚鐵呀單講我還承姐姐問了問我的歲數兒也就沒管我是那月那日那時生人到了玉郎娶不是我方纔扯他是騾馬的大約直到今日姐姐還不知道他是屬鷄鷹的

屈駱駝的呢便沒庚帖我們受姐姐的好處也作了夫妻了况且姐姐的庚帖不是沒有只是此時就請姐姐看咯早些兒姐姐如果一定要見個真章兒少一時自然看得見我只問姐姐一般兒大的人怎麼姐姐給我說人家兒這庚帖就可有可無九公合褚大姐姐給你說人家兒兩頭兒合婚有了庚帖還不依這話怎麼講姐姐講給我聽張金鳳說話的這個當兒他母親只愁眉苦眼的一聲兒不言語坐在那裡噗哧噗哧一袋跟一袋的吃那老葉子烟兒安太太合褚大娘子二人只管說些閒話却是留神細聽張金鳳的話細看何玉鳳的神情只見何玉鳳聽了

這段話低首尋思默默不語你道他道是甚麼原故原來姑
娘被張金鳳一席話把他久已付之度外的一肚子事
由兒給提起魂兒來一時擺佈不開了他只在那裡口問
心心問口的盤算道且住要講算命圓夢這些不經之談
我可自來不信只是父母給我算命的這幾句話却是的
確有的縱說這話不足爲憑前番我在德州作那個夢夢
見那匹馬及至夢中遇着了他那匹馬就不見了並且我
父母明明白白吩咐我的那個甚麼天馬行空名花並蒂
的四句偈言這可是眞而且眞的我那時便想到他的名
字是個驥字所以纔留心迴避還不曾曉得他是屬馬要

照張姑娘方纔這話聽起來再合上父母給我托的那個夢裡的那個命莫非萬事果然有個命定麽天哪我何玉鳳怎的這等命苦要想尋條清淨路走走都不能夠想到這裡不禁長嘆了口氣張金鳳道姐姐嘆氣也當不了說話我的話還沒說完呢姐姐不用胡思亂想好好兒的聽着啵姐姐方纔又道是四擺紅定講到這層這個話可就長了在姐姐想着自然也該照着外省那怯禮兒說定了親婆婆家先給送過紅綢子掛紅那叫紅定在先我也知道是那麽着及至我跟了婆婆來聽婆婆說起敢則偺們旗人家不是那麽樁事說也有用如意的也有用㓜玉玩

手串兒的甚至隨身帶的一件活計都使得講究的是一絲片紙百年為定要論姐姐的定禮不但比這些東西還貴重還吉祥並且兩下裏早放過定了說不到四無紅定上何玉鳳聽到這裏心裏道張姑娘今日只怕是瘋了滿算我教你們裝了去了罷我也是個帶氣兒的活人難道叫人定了我去我會不知道這不是新樣兒的嗎他只顧這等想卻不由的口裏要問又苦於問不出口說我的定禮在那裏呢只急得兩隻小眼睛兒來回的乾轉張金鳳知道他心裏有些詫異笑道這話姐姐大槩又是不信方纔公公說你要問紅定只問你的父母分明指的是神龕

旁邊兩個紅匣子姐姐不信不耐煩不往下聽了麼可叫公公有甚麼法兒呢原來姑娘自從鄧九公合他開口提親一時事出意外這半日只顧撕擄這樁事更顧不及別的閒事如今聽了這話猛然想起愣了一愣心裡說道是啊方纔我見抬進那兩個匣子來我還猜道是書畫像及至開了這一陣始終沒得斟酌這句話他說這兩個匣子就是紅定莫非那長些的匣子裡裝的是尺頭短些的匣子裡放的是釵釧說明之後他們竟硬放進插戴來那可益發是生作蠻來不循禮法我可也就講不得他兩家的情義只得破着我這條身心性命合他們大作一場了喂說

書的你先慢來我要打你個孜可惜這等花團錦簇的一回好書這一段交代交代的有些脫孜露空了這書裡表的兩個紅匣子就我聽書的聽了也料得到定是那張雕弓那副寶硯豈有何玉鳳那等一個聰明機警女子本人兒倒會想不到此還用這等左疑右猜這不叫作不對卯筍兒了麽列公不然書裡交代過的這位姑娘雖是細針密縷的一個心思卻是海濶天空的一個性氣平日在一切瑣屑小節上本就不大經心即如他當日第一次的借弓一心只知保護安龍媒張金鳳的性命資財第一次的留硯只知這樁東西是他安家一件世傳之物也如自已

的雕弓一般更兼那時廟裡鬧了那等一個大案也慮到那硯台落在他人手裡上面款識分明儻然追究起來不免倒叫安家受累此外並無一毫私意第二回借弓在他以爲是已竟轉贈鄧九公的東西了至於褚大娘子又把那塊硯台隨手放在他衣箱裡也只道是怱忙之際情理之常不足爲怪所以然的原故却不是這位姑娘沒心眼兒他本沒那些無來由的私意叫他從那裡用那些不着已的閑心去呢這却合那薛寶釵心裡的通靈寶玉史湘雲手裡的金麒麟小紅口裡的相思帕甚至襲人的茜香羅尤二姐的九龍珮司棋的繡香囊並那椿齡筆下的薔

字落煙身邊的萬兒迴乎是兩椿事況且諸家小說大半是費筆墨談淫慾這兒女英雄傳評話卻是借題目寫性情從通部以至一回乃至一句一字都是從龍門筆法來的安得有此敗筆便是我說書的說來說去也只看得個熱鬧到今日還不會看出他的意旨在那裡呢足下涉獵一過又安得有如許的聰明然則這兩件東西在案上放了這半日他也不會開口問問打開瞧瞧不成這可就得細聽書裡一路交代的情節了這位姑娘從五更頭進門起五官並用片刻不閒將安好位行過禮謝了安老夫妻站起身來不會轉身鄧九公闊面開口第一句就講提親

的這樁事大家一直嘈嘈到此時甚麼工夫兒容他去問
這句話待這兩樁東西只要這等適前撤後一算就知這
番不是脫君露空了列公莫訝驚龐且聽鳴鳳却說張金
鳳兒何玉鳳雖是在那裡默坐不語眉宇之間却露着一
團怒氣知他定為着這兩個匣子說得含糊猜不透澈有
些不耐煩這要擱在平日的張金鳳見了姑娘這個神情
那裡還敢合他抗衡到了今日的張金鳳却同往日大不
相同這又是何原故呢一來他自已打定主意定要趁今
日這個機緣背城一戰作成姑娘這段良緣為的是好答
報他當日作成自已這段良緣的一番好處便因此受他

些委曲也甘心情願二來這樁事任大責重方纔一口氣許了公婆成敗在此一舉所以不敢一步放鬆三來他的那點聰明本不在何玉鳳姑娘以下況又受了公婆的許多錦囊妙計此時轉比何玉鳳來的氣壯膽粗更加凡公婆口裡不好合他說的話自己都好說無可礙口便是把他惹翻了今昔情形不同也不怕他遠走高飛拿刀動杖這事便有幾分可操必勝之權他主意已定趁那何玉鳳不得主意他轉拉了他一把道姐姐你且合我看看你那紅定再講不想這一拉却正合了何玉鳳的式了暗想道他既拉我去同看料想不到得安伯母拿着釵釧硬來插

戴這事還有輾轉他便跟着張金鳳走到東邊案上那個長匣子跟前張金鳳也不合他說長道短忙忙的揭開匣蓋只見裡邊還包着一層紅綢子包袱繫着個連環扣兒及至解了扣兒打開一看原來裡面放的便是他自已那張研金鑲銀銅胎鐵背打二百步開外的彈弓兒週身用大紅絨繩裝了個精緻兩頭弓稍兒上還垂着一對繡球流蘇此時他早悟到那一匣不必講裝着定是那塊硯台了忙同張金鳳過去一看果然不錯先急得他自已合自已說了一句道我說如何他此時待有千言萬語要發作出來明一明自已的心只是一時不知從那句說起忽頭

一句逼新納下氣去一盤算這事當日本是我自己多事然而我却是一片光明磊落事出無心今日之下被他們無巧不成話的這等一弄弄得倒像我作得有意了照這樣作起來我那青雲山的約法三章德州的深更一夢合甚麼防嫌咧躲避咧以至苦苦要去住廟豈不都是瞎鬧嗎想罷多會眉頭一縐計上心來說有了我不管他是生癬生瘡我只合他們生癩我不管他是講雞講鴨子我只合他們講鵝便向張金鳳道豈有此理這事可是變來生作得的纔說得一句張金鳳不容分說早小嘴兒爆炒豆兒似的接上話說道姐姐這事便變來生做却不干我

事並且不干公婆諸位大媒的事姐姐就只問天罷拿姐姐這張彈弓兒說本是姐姐的東西從那裡說起會到玉郎手裡當日姐姐同我們在柳林話别初嘗不存一番深心就看妹子分上纔把這彈弓借給我們及至交代姐姐可是親手兒交給他的交給他姐姐一件刻不離身的東西不由的就背在人家身上了再拿他這塊硯台說本是他的東西從那裡說起會到姐姐手裡當日他失落這塊硯台的時候原出無心假如是樣别的東西也就不犯着再去取了偏偏是這等一件東西他自已既不能去就不能不托附姐姐托附了姐姐他一件刻不離懷的東西不

由得就揣在姐姐懷裡了姐姐想這豈不是個天意麼這個天意可都是姐姐自已惹出來的何玉鳳聽到這裡陡然變色說道張姑娘你這話得分清楚些這等說起來難道這兩椿東西要算我兩個敗化傷風私相投贈不成張金鳳笑道姐姐不用哈我哈我我也是說我爲甚麼說是姐姐自已惹出來的呢公公方纔怎麼講的男大須婚女大須嫁是人生一定的大道理就讓姐姐因老人家爲自已的姻事含冤負屈終身不嫁不嫁就是了可無端的去告訴天去作甚麼再不想想怎麼樣的告訴天都由得姐姐告訴了天天答應不答應可得由着天上天的意思正

叫你這番至誠純孝叫你來作這樁孝順翁姑相夫教子持家理紀的事業好給你家叔父爭那口不平之氣慰那片負屈之心怎能由着你的性兒容你自在逍遥過這下半世這話難道是天告訴我張金鳳的不成誰天道天上是怎麽個模樣兒呀只眼前這個理就是天如果没這層天理姐姐在悅來店也遇不着安龍媒在能仁寺也遇不見張金鳳在青雲山莊也遇不見我公婆弓也到不了他手裡硯也到不了你手裡今日可就没有這件事了造化弄人就是這點巧妙用不着開口用不着動手暗中支使個人兒就作成了甚至不用另支使人叫他自已就給他

自已作成了從來當局者迷旁觀者清姐姐細想這寶硯雕弓豈不是天生地設的兩樁紅定只可笑我張金鳳定親的時候我兩個都是兩個肩膀扛張嘴此外我有的就是我家拉車的那頭黃牛他有的就是他那没主兒的幾個馱騾只是姐姐却也不曾向我兩家問聲你們彼此各有個甚麼紅定一般兒大的人怎麼我的紅定絕不提起姐姐這樣天造地設的紅定倒說是我家生作變來這話怎麼講姐姐講給我聽此時姑娘越聽張金鳳的話有理並且還不是强詞奪理早把一腔怒氣撇在九霄雲外心裡只有暗暗的佩服却又一時不好改口無奈何倒合人

家鬧了個躄躂[illegible][illegible]着雙小眼睛兒問道你這話大槩也夠着萬言書了罷可還有甚麼說的了張金鳳道話呀多着的呢姐姐方纔又道是第五你家沒有妝奩賠送且慢說你我這等人家兒講不到財禮上頭便是爭財爭禮姐姐現有的妝奩別的我不知道內盤兒舅母都給張羅齊了外妝公婆都給辦妥了姐姐要講不肯用舅母的那是姐姐自已認的乾娘姐姐要講不肯用公婆的公婆用的還是姐姐幫的銀子此外只怕還有個人兒幫箱是誰幫箱幫的是甚麼人家的人情人家會行此時用不着我告訴姐姐不到得無妝奩賠送這要再拿我比起來更是笑

話了當日承姐姐當着我的面兒指和尚那堆銀子重換重兒合人家換了一百金子給我添箱這要擱在我家鄉聘十個女兒也用不了却是姐姐不叫我空手兒進婆家門兒的一番細心究竟起換金子的那一堆銀子來可是和尚的賊贓我倒底算姐姐聘的算和尚聘的呀一般兒大的人怎麼我的陪送就該那等苟簡姐姐有這些人給辦妝奩還嫌長道短這話怎麼講這不是嗎姐姐方纔說的五件事公公一一指點得明白姐姐都不耐煩往下聽如今妹子椿椿件件都替公公解說出來了姐姐却是不曾還出我一個字來我這話那一句講的不是姐姐只管

駁姐姐今日總得說出個不肯就我安家這門親的所以然來我纔依呢可憐姑娘此時那裡還得出甚麼所以然他自從鄧九公合他說了那句提親的話始而還只道是老頭兒向來的心直口快想起甚麼來說甚麼安老夫妻大概初無此心及至安老爺一開口纔覺得這話竟是大家要作起來了無法只得自已表明心跡說個倒翻那又被安老爺用四方話一排他也知是篇大道理一時駁不動便也說出個五不可的大道理來心想挑個斜岔兒把大家逛出去就完了事了再不想從旁出來了個張金鳳就本地風光一講雖說話兒來的刁鑽却說不得是無

父母之命無媒妁之言無庚帖紅定無陪送粧奩至於他說的幫箱的話也料到定是鄧家父女了細想起來安家伯父伯母這番深心九公父女這番義舉便是張家二老素日在我跟前的勤辛也就難得到了今日我這金鳳妹子這番傾心吐膽更叫我無話可說了統算起來這事除了便宜了安龍媒這阿哥之外這一羣人那一個不是真心爲我何玉鳳的我還合人家說甚麼話雖如此此時我便依了他大家的話再向天懺悔一番上天也定原諒我前番的冒昧只是這句話我可對他們怎麼答應得出口來呢一陣爲難心窩兒一酸眼胞兒一熱早點點滴滴落

了一衣襟眼淚張金鳳連忙掏出小手巾兒來一面給他擦着衣裳一面說道完了新藕合皮襖了姐姐別哭英雄可沒個哭的哭也得說話却說安太太坐在那裡看着又是愛這過門的媳婦又是疼那沒過門的媳婦滿臉是笑却又眼淚婆娑的瞅瞅的望着他兩個手裡攥着烟袋舉了半天想不起抽來一袋烟也就擱滅了忙遞過烟袋去便向旁邊站的女人們道你們也給大姑娘合你大奶奶倒碗茶呀索興把那小杌下給他姐兒兩搬過去有甚麼話坐下說不好只是站着怪乏的說着又向褚大娘子使個眼色褚大娘子積伶早合着袋煙甩着大寬的袖子俏

擺春風的扭過來一面走回頭向隨緣兒媳婦道大姑娘你也給我搬個坐兒過來他三個便在這邊坐下褚大娘子笑向張金鳳道說是這麽說大妹子你可不許借着這事叫我們姑娘受委屈張金鳳此時看透姑娘意中大有轉機暗道等我索興給他個連三緊板這件事可就攛掇成了恰巧又遇着褚大娘子無意中湊了這麽個話靶兒他便道怎麽倒說我委屈了你們姑娘了大姐姐你過來得正好等我把我的委屈訴訴你聽聽因合褚大娘子道我這姐姐當日在廟裡苦苦的給我攛掇你妹夫是苦苦的向他辭婚他左問人家一條兒右問人家一條兒問到

其擧又問他說你不是定下親了便是定下親像你們這樣世家三妻四妾的也儘有這又何妨說着又回頭問着何玉鳳道姐姐是這麼說的不是幸而人家沒定親假如那時候他竟有個三妻四妾姐姐叫我跟了他走我也只好跟了他走我到他家可算個甚麼姐姐人的本事有高低女孩兒的身分可無貴賤哪你也是個女孩兒我也是個女孩兒怎麼在我張金鳳人家有了三妻四妾姐姐還要把我塞給人家如今到了姐姐身上便有許多的作難姐姐不是多嫌着我一個張金鳳啊若果如此我張金鳳情願稟明公婆來替替姐姐看祠堂也一定要成全了姐

姐這椿好事這句話張金鳳可來得促狹真委屈了人了那何玉鳳此時感他疼他愛他心裡還過不去那有多嫌他倘理這話我說書的都敢下保果然把個姑娘說急了只見他拉住褚大娘子說道大姐姐你聽他說的這是甚麼話說着又眉稍微鬭眼角含情似喜似怒的向張金鳳道我看你纔不過作了一年的新娘子怎麼就學得這樣皮賴金派褚大娘子嘻嘻的笑道別着急他惱你呢我一盌水往平處端論情理人家可也眞委屈些兒姑娘此時好容易盼得個褚大姐姐湊過來覺得有了個伴兒不想他也順着桿兒爬到那頭兒去了因說道你們這班人眞

真不好說話不管人心裡怎樣的爲難還只管這等嘻皮笑臉張金鳳道姐姐這就爲難了等我再把我那爲過的難說說便又告訴褚大娘子我這句話只有你妹夫知道再我不敢瞞婆婆便是公公跟前我也不曾提過如今說到這裡褚大姐姐不算外人也還談得我這姐姐當初要給我提親的時候不曾合我爹媽說私下先問我願意不願意論我姐姐這條心可疼我疼的沒處疼了我固然是不肯說他就蘸着水在桌子上寫了兩行字一行寫得是願意一行是不願意告訴我說你要不願意就把願意兩個字抹了去留不願意要願意就把不願意三個字抹了

去留願意就算你說了話了那時候我要說願意罷一個女孩兒家怎麽說得出口來要說不願意罷人也得有個天良是這樣的門第我不願意喲是這樣的公婆我不願意喲就拿你妹夫說相貌品行心地學問那一條兒叫我說的上不願意來不去抹那字罷是生拉活拽的鬧大姐姐只說我爲難不爲難我没法兒了只得用手一陣胡擄不想可可兒的把個不字兒胡擄了去了說着又問何玉玉道姐姐這不是妹子造謠言哪妹子如今也有幾個字兒請姐姐看看何玉鳳聽了啞的一聲道這樣事情依樣葫蘆再作一遍還有甚麽意味張金鳳道你且莫管只跟

我來看說着便把姑娘拉到神龕跟前對着何公何母兩座神主問姑娘道姐姐請看這是幾個甚麼字何玉鳳道這左一位的字是我父親的官銜右一位的字是我母親何門氏雖道你不認得張金鳳道姐姐再往旁邊兒看姑娘問过身子去一看那神主的右首旁邊果然刻着兩行字只是被那神龕邊扇兒遮着一時看不清楚張金鳳道這樣罷他便恭恭敬敬深深的向那神主福了兩福祝告道叔父嬸母只得驚動你二位老人家了請你二位老人家向前升一升兒自已吩咐我姐姐一句想來他就沒的說了說着他便把那兩座神主都往龕外請了一請姑娘

一看可了不得了原來兩座神主下首的旁邊各鐫着兩行八個小字歸總又是一行三個大字通共是十一個字不但是寫的并且是刻的刻的是子壻安驥孝女玉鳳仝奉祀姑娘大驚道這是誰幹的張金鳳道是刻字匠刻的我家玉郎寫的是我張金鳳的作成却是我公婆的主意請問姐姐此時還是抹了這幾個字去你一人去作何府祠堂掃地焚香的侍兒還是存着這幾個字我兩個同作安家門裡侍膳問安的媳婦姑娘此時心慌意亂如生芒刺如坐鍼氊張金鳳臨了問他的兩句話並不曾聽見只獃獃的望着神主上那兩行字半晌嘻了一聲道怎的我

安伯父安伯母也作出這樣的孟浪事來張金鳳道這事作的一點兒也不孟浪這正是我公婆今日給叔父嬸母立這座祠堂的本意這座祠堂也爲的是你家祖太爺的師恩也爲的是你家叔父的世誼這還都不是正文正文正因爲姐姐你在黑風崗能仁寺救了他兒子性命保了他安家一脈香烟因此我公婆以德報德也想續你何家一脈香烟纔給叔父嬸母立這祠堂叫你家永奉祭祀講到永奉祭祀無論姐姐你怎樣的本領怎樣的孝心這事可不是一個女孩兒作的來的所以纔不許你守志終身一定要你出閣成禮圖個安身立命講到你出閣成禮只

這北京城裡還少甚麼公子王孫郎君子弟又何必一定叫你嫁到安家許配玉郎呢又慮到把你給個不關痛癢的人家兒丈人絕後不絕後與那女壻何干所以不會合你提到親事以前當日在你青雲山莊便叫玉郎扶靈穿孝今日到你這座家廟便叫玉郎奉主入祠使你二位老人家無後如同有後這話還講得是眼前再要講到日後實指望娶你過去將來抱個娃娃子再生孫孫又生子綿綿瓜瓞世代相傳奉祀這座祠堂纔是我公婆們心思纔算姐姐你的孝順成全你作個兒女英雄便是我張金鳳的爹媽也蒙公婆在這西邊一帶一樣的蓋了這樣一所

房子作爲我爹媽現在的住房我張金鳳將來的家廟只是我張金鳳除了受公婆養育深恩之外我又有何好處也同姐姐一樣呢這可就是作父母待兒女的心腸叫作乖的也疼獃的也疼這都是公婆說不出口的話妹子如今都告訴明白姐姐了姐姐只想公婆這番用心深厚到甚麼地位可見老輩的作事與你我的小孩子見識畢竟不同姐姐此時縱有萬語千言不必合我再講我索興澈底澄清的都合姐姐說了罷如今姐姐打錯了的那條承不出嫁的主意是無庸議了父母之命媒妁之言庚帖紅定以至賠送是都有了他二位老人家是安了葬了你一

年的服是滿了你家萬代的香烟是永永不斷了我公婆的神也淘苦了心也使碎了這事也沒有十天八天一月半月的躭擱一切下茶通聘奠雁送妝都在今日只今日酉時陰陽不將天月二德便迎娶你過門姐姐你此時依也是這樣辦不依也是這樣辦何玉鳳聽張金鳳這話覺得沒一個字不是從肺腑裡掏出來的他登時好似從頂門上澆了一桶氷水從脚底下起了一個焦雷只痛得他欲待放聲大哭却也哭不出來只有抽抽噎噎聲嘶氣咽的靠定那張神案如帶雨嬌花因風亂顫想到安老夫妻合張姑娘的這番好處立刻粉身碎骨他都情愿慢講是

娶了他去作新媳婦好張金鳳他把心思力量盡到這個分兒上料定姑娘無不死心塌地的依從了還愁他作女孩兒的這句話畢竟自己不好出口因又勸道姐姐且莫傷心妹子還有一言奉告這話並且要背着大姐姐說着又把玉鳳姑娘攙到東北墻角跟前那時許多僕婦丫鬟以至華嬤嬤戴嬤嬤隨緣兒媳婦兒花鈴兒柳條兒幾個人正在東邊換牕一帶伺候聽了他家大奶奶這番話也有點頭讚歎的也有傷心落淚的張金鳳便向他們道你們先躲躲兒讓我們說話他便向何玉鳳耳邊低低的說道我知道姐姐此時已是千肯萬肯不用妹子再絮煩姐

姐你可還得明白這不但是我的公婆我的爹媽合九公褚大姐姐齊心要盼你同玉郎完成這段美滿姻緣便是我替姐姐打算四海雖大九州雖廣你除玉郎一人之外也斷合第二個結不得連理這話我從何說起呢你我作女孩的男子的跟前錯走不得一步到了自己的貼身兒的東西莫說男子連自己親娘都有見不得的時候姐姐只想你當日救玉郎的時候正是他敞胸露懷綁在那裡姐姐上前給他解那條繩子怎保住個不氣息相通肌膚相近到了後來索興連你的關防盔兒都教人家汕了爪兒了縱說你玉潔冰清於心無媿究竟起來倒底要算一

塊濕潤美玉多了一點黑青一方透亮淨冰着了一痕泥水只有合他成了百年長眷便如浮雲盡散何消錦被嚴遮姐姐你道妹子這話說的是也不是這話若說在姑娘一頭蹚兒一把刀的時候必想着心正不怕影兒邪脚正不怕倒踹鞋不過驟然一笑絕不關心如今聽了這話竟同雷轟閃制一般如夢方醒只落得兩耳通紅淚痕滿面雙手扯住張金鳳的袖子說道阿呀妹子這便怎麽處我此時是方寸搖搖柔腸寸斷你怎生救救作姐姐的纔好張金鳳道姐姐沒了主意了聽妹子告訴你你我作女孩兒的沒一件事不得站住地步也沒有一句話該讓人却

也是個英雄豪杰的身分獨有到了自已的婚姻了甚麼叫英雄呀豪杰呀只有聽天由命一跤跌在娘懷裡由[illegible]去怎麼好怎麼好何玉鳳道妹妹你又來了我要有個親娘今日之下也不到得如此張金鳳道姐姐怎麼拿着你這等一個人聰明一世懵懂一時起來你的意思不過說嬸娘去世沒人來體貼你的心腹妹子說何不怕你見怪的話便是有你家嬸娘在他老人家那老實性兒狩痴身子連自已的起居衣食還要你來照管那裡還體貼得你這些苦楚你只看你我這位婆婆從見你那日起以至如今是怎生般待你難道還抵不得你一位親娘你此時不

趁早兒一跤跌倒他老人家懷裡去還等甚的說着拉住姑娘的袖子只往那邊一甩何玉鳳本是個性情中人只因他天性過直後天的那個情字扭不過他先天的那個性字去如今聽了張金鳳這話正如水月鏡花心心相印玉匙金鎖息息相通竟不回答也沒商量趁張金鳳拉着他的袖子那一甩就勢兒把身子一扭蓮步細碎的過到安太太跟前雙膝跪倒兩手雙關把太太的腰胯抱住果然一頭拾在懷裡叫了聲我那嫡嫡親親的娘啊得了這正是一個圈兒跳不出人間甚處着虛空要知安公子合何小姐成親怎的熱鬧下回書交代

二十六回終